# ほろにが菜時記

塚本邦雄
tsukamoto kunio

ウェッジ

ほろにが菜時記　目次

## 夏

## 冬

# 序　ポモ・ドーロ！

この数年来「こだわりのグルメ」などという言葉を、然るべき人（主として女性）の談話の中で聞くことがしばしばある。私は「こだわり＝拘泥」と解している。明らかに負（マイナス）要因であり、否定を前提とし、頑として許容せぬレジスタンスを抱えている。

ところが現代語訳（？）は右にあらず、かたくなに人のアドバイスを受けつけず、自説を決して譲ろうとしない心理挙動が「こだわり」と考える他はない。

珍味佳肴の世界を手探り足探りで究め、それにあえて「執着」して、是も非もなく「わが道を往こう」とする処世術であり、自己主張態度であろう。

某国語事典には「こだわる」＝「どうでもいい問題を必要以上に気にする」と註している。もっとも名人気質《かたぎ》にも天才肌にも、ある一面をクローズアップ（ダウンかも知れない）すればこの傾向は多々感じられる。

「及ばざるは過ぎたるに勝れり」なる諺も仄聞するのだが、個人個人の方法論に俟《ま》つべきだ。事、「食」に関しては、この「限度」が百人百種で、どれが中庸を得ているのか、どれが過激なのかは即断不能であろう。

私説「ほろにが菜時記」は一九八五年（昭和六十年）の四月に始まった。九九年十二月で一八七回に達する。全く平凡な日常茶飯事の側面紹介に過ぎないが、私の言語に関する潔癖は食品等の呼称にまさに「こだわり」つづけて来た。たとえば「アボカード」だが、これはその名さえも、市場一般では八〇％間違っている。中・南米産のこの果実、当然スペイン語を背後においているのだから「アボカード」と発音すべきだ（VはBの発音。終りから二つ目のシラブルが揚《よう》になるから、長音だ）。ところが、一九九六年八月頃、百貨店に行こうが果実・野菜店へ行こうが、八〇％は「アボガド」

の四字表記になっており、誤謬を指摘すると、「出荷先から、この通りの『名札』や『送状』がついて来ています」の一言で追っ払われた。場末の野菜果物市へ行った方が、素直に私の発音に従順であった。こんな商品名は序の口の門前、食堂・茶房・レストラン・カッフェ自体の名すら間違っていることの方が多い。

たとえば和菓子の店「菊屋」の喫茶部門が大阪には二軒あるが、いずれも「クリサンテーム」という看板を出している。たしか、「菊＝*chrysanthème*」は「クリザンテーム」が正しい。言っても始まるまいし、営業主が時として、心ある人の批評にどう返答するかが問題だ。

「*avocado*＝アボカード＝鰐梨」もなぜ売場の商品名が「アボガド」になるのか、TVの出演者がなぜこれの訂正を遅蒔《おそまき》ながらでも提出しないのか、スペイン語のV＝Bだから「アヴォカード」とは表記できないが、一方の「C」が「G」に変ることはあり得ない。

中島敦三十三歳の名作「光と風と夢」には「アボガドー」と表記されているが、これはサモア諸島での手記、それも酋長の談話に倣っているから異論は無理だろう。

食物の呼称が間違っていると、もう賞味する気がなくなるのは、私の奇妙な潔癖のなせるわざだが、これは一方「歌人＝言語芸術家」の宿命と考えてほしい。

珈琲＝コーヒー、これも危っかしい発音の一つだが、私は「エスプレッソ」マニアで日に一杯飲まぬと仕事が宙に浮く。二年前イタリアで友人と某空港の小さな珈琲カウンターで、四人連ゆえに「クワトゥロ・エスプレッソ」と注文したら、使用人のセニョリーナがにっこりして「クワトゥロ・エスプレッシ？」と反問された。全く以てお粗末なミス。複数は語尾が「ｉ」に変ることくらい、イタリア語一週間学べば自然に出てくるのに。

私は一日にエスプレッソ三杯は賞味する。エスプレッソメーカーも置いて既に十年以上。それにしても、イタリアでは「トマト」が「ポモ・ドーロ（黄金の果実）」とは、いささか誇張がすぎると思いますがね。

# 新年

# 1 屠蘇

歳末近くなると、出入りの酒店から、ささやかなティーバッグ式の屠蘇《とそ》がくばられる。全くの下戸で、料理用の酒と、長男が帰って来た時のビールくらいしか注文しない店ではあるが、御多分に洩れず宅急便の代理店を兼ねているので、この方は三日にあげず利用するから、カレンダーや手拭いや屠蘇は、この余恵であろう。他に、行きつけの薬屋でも貰うことがあり、夫婦二人と客一、二組の正月には、これで十分である。

酒は原則としてたしなまないが、屠蘇酒は好きだ。もっとも、われわれの祝う、今日びのものは、あり合せの特級酒に、その袋入りの、正確には「屠蘇散」を浸しておいて、鋭い移り香や、苦・辛の混った味わいを楽しむに過ぎないが、元来は、そんなお手軽なものではなく、屠蘇散含有の各素材を、味醂勝ちの酒に数日間漬けておく、薬酒であろう。

その袋入り屠蘇散の袋も、かつては必ず、紅絹《もみ》で作られていた。紅絹といえば、蛤の貝に入った紅絹袋の眼薬も絶えて見たことがない。たとえ即席風に、銚子の中に浸すのであろうと、真紅の絹袋を、絹糸で吊して入れると、なかなか趣があったものだ。

屠蘇の処方にも数種あると聞くが、まず普通には、山椒・防風・肉桂《にっき》・大黄《だいおう》・桔梗・白《びゃく》朮《じゅつ》の六つを用いるようだ。大黄は解毒作用をもっており、桔梗は鎮咳祛痰《ちんがいきょたん》の即効薬、白朮は利尿剤で鬱気を散ずると、まさに結構ずくめである。あの袋をつまんだだけでも、主として肉桂の、芳香のハーモニーが、あたりに漂うのも、新春の気分であろう。

もともと、嵯峨帝の弘仁年間から、千年以上も続いて来た祝儀であり、年頭から、ただがばがばと酒を呷るよりも、同じ乾杯でも、薬酒の方が健康でめでたかろう。漢方の草根木皮の中にも、百度以上の熱湯で煎じると、その有効成分が喪われるものがある。それらにしても、酒に浸しておいて、おもむろに、薬効を溶き、誘い出した方が、当然合理的である。屠蘇は、単に新年の、単なる御祝儀には止まらない。年中愛飲すればよい。

薬酒というから古めかしいが、カタカナでリキュールと言えばたちまち新しくなる。すなわち、アプサント（苦よもぎ）・キュラサオ（香橙《かぼす》）・マラスキーノ（桜桃）・ペパーミント（薄荷）、これらの外に、繖形科《さんけいか》植物を主成分としたシャルトルーズならびにベネディクティンなど、すべて、これ薬酒ならぬはない。この中、アプサントは、わが国ではアプサンとなまって呼ばれ、強烈無比の酒精度で名があるが、菊科の苦よもぎを成分としているから、少量ずつ用いれば、れっきとした薬酒である。ちなみに原発事故で名を得た「チェルノブイリ」とは、苦よもぎを意味する。新約『ヨハネ黙示録』の怖ろしい記述に「この星の名を苦よもぎと言ふ」が見え、近来、キリスト教界の一部では、預言的中云々と、盛んに取沙汰されている。

それはさておき、原則として酒をたしなまない私も妻も、果実酒には目がなく、この二十年ばかり、ありとあらゆる果実、草根木皮に花に葉を試みて来た。梅はあまりにも常識的だが、杏《あんず》・榠樝《かりん》・楊梅《やまもも》・地梨・玫瑰《はまなす》・苺・マルメロ・サフラン・茴香《ういきょう》・肉桂・菖蒲その他もろもろ、成功あり失敗あり、話の種は尽きないが、二人の好みもあって、種類は次第に淘汰され、近年は梅と榠樝に絞っている。

殊に後者の三年くらいたって、アルコール分がある程度飛んだものは、言いがたい微妙な味わいだ。私は未明に起きて、約四キロ歩き、その間に種々の詩歌・散文創作の想を練り、帰って入浴、浴後、サフラン酒と榠樝酒をヨーグルトに注いで、琥珀色に染まったのを木の匙ですくいながら啜る。この儀式が狂うと、体調から作品の質まで狂う。

サフラン酒のよどむ香りや文藝に溺れしを死ののちに知られむ

日本にも、リキュールと呼ぶべき、味醂を基調とした薬酒の類があまたあるようだ。奈良の霰酒《あられざけ》は別として、美濃の養老酒、浜松の忍冬《すいかずら》酒、上諏訪の榠樝酒、鞆《とも》の保命《ほうめい》酒、他にも、世には、松葉酒・金柑酒・人参酒・木瓜《ぼけ》酒・時計草酒・桑実《くわのみ》酒・薔薇酒・菊酒など、手当り次第に漬けこんで楽しむ人もいる。

松葉酒など、戦前一時、世に広く行なわれたようで、私も母が作っていたのを記憶するが、独特の松脂のにおいに、幼心に抵抗を覚えた。抵抗と言えば、蝮《まむし》酒も、薬酒には違いないが、見るのも嫌いである。また、信州の榠樝、近来、マルメロと混同している果実店もあるから注意を要する。

屠蘇の語源は中国から遣唐使が持帰った頃からつまびらかではない。酴酥《とそ》、すなわち一種の濁り酒の表記を、別字に変えたのが、今日に及んだという説と、昔、醸造を行なった平屋の称を、酒名に用いたという説も、参考程度に覚えておく他はあるまい。

# 2 小豆

菓子屋の店頭から、小豆《あずき》製品を消し去ったら、製品は半減するだろう。第一、私は、もう菓子をもとめることもほとんどなくなるかも知れない。それほど小豆餡を使った菓子はおびただしく、また限りない魅力がある。餡だけではない。その粉末を用いた煎餅まで入れれば、さまざまに形を変えて、その味わいを縦横に満喫させてくれる。たとえば、某菓子店の製品のＰＲに曰く。

北海道十勝の選りすぐりの、襟裳小豆だけを用いた羊羹。グラニュー糖を使用した上品な甘み。艶良く煉りあげ、小豆の香りを引き出しました。こし小豆羊羹・小倉羊羹・栗羊羹・白小豆羊羹他。

むやみやたらに甘いだけでは、もう今日、羊羹は通らなくなっている。殊に京阪の老舗銘菓店は、いかに甘みを抑えるかの競争である。それは賢明なことだ。そして、同時に、保存の点では、漬物類の減塩競争と相似て、両刃の剣のような支障も免れない。

ともあれ、極端な甘みを避けることによって、小豆本来の味と香りはぐんと引立つ。そしてそれこそ、小豆党の望むところである。

小豆の歴史は古い。何しろ古事記にも現われるのだから、日本へ渡って来た上限は三世紀とも言われる。本家の中国では六世紀の書『斉民要術《せいみんようじゅつ》』には、その栽培法まで記されている。五穀の中の豆には、小豆は含まれていないが、嗜好の域に入ると、小豆など、まず第一番に指を折りたい。

古代から近世まで、甘蔗糖が一般化するまでは、小豆は勿論、淡塩味程度で、豆自体の持つ味と香りが愛されて来た。小豆粥の歴史は古い。そして、殊に一月十五日のそれは、七種粥《ななくさがゆ》にまさるとも劣らぬ重要な儀式であった。それは現代にまで及び、健康食として、毎月十五日、これを食べている家庭は、殊に関西では決して珍しくない。

十五日　今日小豆粥煮ず。口惜しく、なほ日の悪しければ、ゐざるほどにぞ、今日二十日余り経ぬる。いたづらに日を経れば人々海を眺めつつぞある。『土佐日記』

承平五年（九三五）一月十五日、土佐から、京への帰任の旅の途中で、船上にあった紀貫之氏は、恒例の小豆粥が食べられなかったことが、よほど残念だったらしく、このように記し止めた。察するに余る。

正月十五日ノ供御七種ノ粥料。中宮亦同ジ。米一斗五升。粟。黍子。薑子。薭子。胡麻子。小豆各五升。塩四升……　「延喜式」

「延喜式」はその名の通り、十世紀初頭の醍醐天皇時代における宮中の制度や儀式作法を定めたものだが、こうして明文化されるまでにも、永い歴史をもっていた。

それから千年以上たって今日でも、たしかに小豆粥は、独特のうまみをもっている。淡塩の、あの主成分たる糖質のまろやかで素朴な香と味は、熱病の時でも食欲を蘇らせてくれる。甘みを加えて菓子として食べるのは、その次の段階であろう。

北海道小豆はつとに有名だが、関西では一にも二にも丹波産でなくてはならず、丹波の大納言には信仰に近い愛情をよせている。黒大豆もまた同じく丹波産に限ると思われているし、たとえば、わが家でも、原則としてこれを用い、手に入らない時は、京都の錦小路まで出向いて、たっぷり買いこむ。

嗜好品に関する東西の違いは、あらゆるところに顕著で、私自身、あのヨードチンキを思わす饂飩《うどん》の汁を見ると、ぞっとして箸をおろす気にもなれず、佃煮と呼ぶ得体の知れぬ過鹹過甘の煮物は、貰うとそのまま捨てることにしている。菓子類にしても、関東の産で心にかなうものは、まず無い。

善哉《ぜんざい》を広辞苑に当ると「関西では、つぶし餡の汁粉。関東では、粟餅・道明寺餅・白玉餅などに濃い餡をかけたもの」と記してあるが、一体こんなゆがんだ知識を、誰が広辞苑の筆者に与えたのか。しかも、天下の広辞苑が、どうして、こんな誤りだらけの記事を、平気で載せ続けているのか。第一「つぶし餡の汁粉」などという気味の悪いものは、私達関西人、食べていない。粒餡風仕立の小豆汁に餅を入れて食べる。汁粉は粉という限りは漉餡であろう。聞くところによると、もともと関東、殊に東京に「善哉」はなくて、これに「田舎汁粉」という名を与えていたようであり、汁粉を、敢えて「御膳汁粉」と僭称したらしい。御勝手にと言いたい。

今一つ、小豆を軟く煮て、甘く味つけし、潰さずに器に盛り、白砂糖を少々飾ったものを関西では「亀山」と呼ぶ。関東では、砂糖はかけず、「茹小豆」という悪趣味な名で呼んでおり、缶詰まで売っている。茹小豆というからには、味つけのしていないものと思いこみ、買って、缶を開けてから地団駄を踏んだ経験が私にもある。なお、関西には、小豆と里芋を、淡甘く味つけした「いとこ煮」という料理があり、報恩講（在家では御取越《おとりこし》）には欠かせない一品目とされていた。

# 3 餅

餅は糯《もちごめ》を蒸して搗《つ》き、団子は粳《うるち》を粉に碾《ひ》いてから練って蒸す。それが極く基本的な分け方らしい。その基本に準ずるなら、糯を碾いたのが白玉粉、精製して寒晒粉《かんざらしこ》、それを練って蒸すと求肥《ぎゅうひ》。乾かしたのが落雁《らくがん》と呼ばれることもある。

一方、糯を蒸し、これを干して粉に碾いたのが道明寺粉、これはほとんどの菓子の、極くわずか料理の材料になる。糯はもちろん、蒸し上げたまま食べ、これは強飯《こわめし》、主として小豆をまぜて用い、祝儀には欠かせない。また仏事用には黒大豆をまぜて蒸し、関西では盂蘭盆《うらぼん》の十六日の仏供《ぶく》とする。「白蒸し」と称し、奈良の法華寺などでは、供えるのに、蓮の葉を使い、その微かな移り香を愛でると聞き及ぶ。ゆかしい習慣である。

餅菓子、強飯等を専門に商う菓子店も、街のあちこちに点在したものだが、この四、五年で、一軒また一軒と減り、近頃では量販店の一隅に、やっとながらえているのを見る程度になった。仏事が省略され、祝儀には、いわゆるケーキ類の方が主流を占めつつある。その反面の傾向に他ならない。

餅菓子は複雑多岐で、決して糯でだけ作られはしない。アは赤福餅からヨの蓬餅まで、材料そのものが種々である。たとえば菱餅はその名の通り、元来は菱の実の澱粉から作られた。五平餅は米飯を捏《こ》ねて団子にする。

牛蒡餅《ごぼうもち》は茹でた牛蒡を擂《す》り潰して米の粉でまるめ、胡麻油で揚げ、砂糖をからめる。桜餅は今日幾通りもあり、菓子店それぞれの流儀や秘伝も云々されるが、一般原則論では、皮は小麦粉の水溶き薄焼。これで小豆の漉餡を巻き、塩漬けの桜の葉でくるむ。

鯨餅は玄米粉に黒砂糖をまぜて捏ね、蒸し上げたもの。特に山形県新庄市の名産と言われ、その黒い色艶が鯨肉に似ているゆえの命名と聞くが、やがて、その名も幻となる日が来るだろう。黍餅《きびもち》は福井の名産で、玉蜀黍《とうもろこし》の粉を加えて作った求肥餅、また一般的には黍そのものを蒸して搗き上げる。糯を加えるのが通例であるが、半量を越えることはない。なお、同じ発音の吉備団子は岡山の名産で、これは求肥を捏ねて丸め、白砂糖をまぶしたものだ。桃太郎の「きびだんご」は、正真、黍を用いたものがふさわしかろう。

鹿《か》の子餅《こもち》は、餡と餅とが主客顚倒、小さな糝粉《しんこ》団子を餡でくるみ、その上に小豆を粒のまま飾りつけてある。京鹿の子の名がひろく知られている。五月五日の柏餅も、漉餡を包んでいるのは糝粉餅で、偏平に伸《の》し、柏の葉で二つ折れにおおう。ある書には撫《ぶな》の葉で包むとあるが代用品であろう。近頃は新暦の五月五日を端午と混同しているが、陰暦五月五日でないと柏の葉も繁らず、第一菖蒲が、切取って浴槽に放つほどには伸びていない。ついでにつけ加えると、この菖蒲は、花菖蒲やかきつばたとは、全然別種の、里芋の兄弟分にあたる植物で、その茎・葉は、樟脳に似た芳香を発する。節句の頃一メートルくらい。

黄金餅《こがねもち》は江戸郊外目黒不動前で売られた名物と伝えるが、もとは粟を蒸して搗いた。十八世紀前半では、既に普通の餅を黄色に染めて売っていたらしい。いっそ、梔子《くちなし》で染めて「くちなし餅」とでも称し、国会議事堂前ででも商うと面白かろう。

陰暦十月初亥の日の亥の子餅は、近頃は小豆入りの糯の餅で、それも滅多に見られないが、本格的なものは、大豆・小豆・ささげ・胡麻・栗・柿・糖《あめ》の七種を混じて作り、猪の子の形に切った。玄猪《げんちょ》とも呼ぶ。むしろ、農村に残らねばならぬ風習だが、かえって、炉開きの茶事にその名残が保たれている。

ともあれ、単に「餅」と言えば、十人の指すところ、正月の鏡餅であり、雑煮用の丸餅・切餅であろう。鏡餅はともかく、雑煮用、あるいは雑煮そのものが、東西で異なり、南北で違い、全国津々浦々のを細分すれば、少なくとも百種くらいには分れるだろう。

元旦からの三ケ日、それぞれ違う地方も少なくない。このならわし、あらゆるものが簡略・欧風化する中で、お節料理と共に、まだ、かなり根強く、核家族の中にさえ保たれているようだ。だが、自家で、臼と杵を使って、蒸籠《せいろう》で糯を蒸して、男手を揃え、女手を待機させて、まことの祝儀としての餅搗きをすることなど、よほどの農村か、あるいは観光用、アトラクション用の催しでもない限り、まず行われないのではあるまいか。

　オートマティックに、餅をひねり出してくれる道具まで売っているが、それもお慰みの域を出ず、年末近くなれば、その辺の食料品店に、好みに応じた各種各様の餅が、これでもかと言うように並べられる。お節料理をかなり入念に調えて楽しむ主婦はいても、餅を搗く、あるいは搗かねばと思う奥様族は、もう存在しないだろう。家で餅搗きでもした日には、その前後の手間、特に飛ばっちりの後始末もあって、三日ばかりは消えてしまう。餅は「商品」の時代である。

# 4 ななくさ

今は昔、朱雀天皇の承平四年（九三四）、歳末まぎわの十二月二十一日、土佐守の任を解かれた紀貫之は、土佐の大津の泊りから、京に向けての帰任の旅に立った。船旅はのろのろと気永に進むもので、やがて年が果て、年が明け、半月後にもまだ大湊であった。

七日になりぬ。同じみなとにあり。今日は白馬《あおうま》を思へどかひなし、ただ波の白きのみぞ見ゆる。かかる間に人の家の池と名あるところより、鯉はなくて鮒より始めて、川のも海のも、異物《ことも》ども長櫃に荷ひ続けておこせたり。若菜ぞ今日をば知らせたる。

土佐の長岡郡十市村池という地の、一夫人から、鮒を筆頭に、淡水・鹹水のさまざまの産物が届けられた。贈主の地「池」から鯉を連想するところだが、それが無かったので、貫之は一寸洒落てみたのだろう。十世紀頃の土佐には、鯉がとれなかったとも、食べる習慣が無かったとも諸説がある。

要はその次の「若菜ぞ今日をば」のくだりである。私は毎年、一月七日、妻が煮た春の七種粥《ななくさがゆ》を祝いつつ、必ずこの一節から、それに続くところをくちずさむ。旅の途中では、都の白馬の節会《せちえ》も思い描くのみ、まして若菜摘みの行事や、それで作ったあつものを食べるならわしなど、望めもしないことだった。思いがけぬおくりものに、ああ、今日がまさしくその日だったと、目を輝かす貫之が、生き生きと目に浮んでくる。

その次の日に宇多の松原を過ぎ、浜を見ると、千年も経たかと思う松が天にそびえ、枝ごとに鶴が飛び交い、まことにめでたい眺めだった。ところが夜になると、風が荒れ、女共は船底に伏して泣くばかり、だが水夫や船頭は何とも思わず、朗らかに舟歌を歌う。

　春の野にて哭《ね》をば泣く、若薄にて手を切る切る、摘むだる菜を、親やまほるらむ、姑や食ふらむ、かへらや。

あまたの歌を船頭は歌って聞かせた。皆笑いながら聞き、心もようやくやわらいだ。それにしても、ひなびていて、情をつくして、和歌よりも自由で、実におもしろい歌だ。そしてこれも若菜にちなんでいる。歌っている世界は、若い夫婦の生きる大家族の正月、二人は若菜を取りに野原に出て来た。

春の野で若い嫁は声をあげて泣く。薄の鋭い葉で手を切り切り、やっとの思いで摘み集めた若菜を、持って帰ったら、親達がきっとむさぼり食うに決っている。姑も食べるだろう。そして私達若い夫婦は末座にいて、ろくろくお相伴もさせてもらえない。もうやめにしよう。家へ帰ろう。女は夫に、そう言って籠を抱え直し、家路をさす。

若菜摘みは、家の前栽畠などで栽培した野菜ではなく、野草を摘んで来る行事である。もっとも、常住、野に出ては、食用になるものを採集して、日々の食事にあてている人々もあったろう。「春の野に出でて若菜つむ」という宮中の行事は、冬季、保存食ばかりで過ごして、欠乏したヴィタミン類を補給するにも、合理的な一大行事のはずだ。

せり・なずな・ごぎょう・はこべら・ほとけのざ・すずな・すずしろ春の七種《ななくさ》

これは室町時代の歌人、四辻左大臣善成の作と伝える。彼は順徳天皇の曾孫にあたり、延文元年(一三五六)三十歳で、源姓をたまわり臣籍となった。左大臣にまで上がって、七十六歳で世を去るが、文学に造詣深く、当時の有名歌人だ。あの七種が、古来からこの通りであったかどうかはにわかに定めにくい。

だが、もともとは、食用になる野草数種を指したのだろうし、王朝までの古歌にも、殊に「芹摘み」は独立して歌われているから、筆頭に来るのも当然。そして、末尾の二種、蕪・

大根を加へた三種は、野草と言うより、立派な野菜になった。そして、現在では、この三種以外を手に入れるのが、むしろ大変な手間暇である。たとえば、わが家の庭にも、蘩蔞《はこべ》と薺《なずな》は、わけもなく採集できるが、さて御形《ごぎょう》こと母子草《ははこぐさ》を探すには一キロばかり東の水田の畦へ行く。ところが仏の座だけはこのあたりにもない。菊科の田平子《たびらこ》だが、あまりにも地味で目立たないので、発見もむつかしい。デパートやスーパーマーケットには、正月五日頃から、パック入一セット五百円也で売っている。もう、「摘む」ことの喜びなど昔語りになってしまうのだろう。

何もむつかしく古式にのっとらなくとも、七種から洩れた牛蒡に人参、三つ葉に春菊、パセリに浅葱《あさつき》、何を入れてもよかろう、私はむしろ芹なら芹のみの白粥が好きだ。そしてどの七種にしろ、まさに、ほろ苦い。茹でてあくを取ってから、と思うほどの苦みではない。さっと熱湯を通すが、それさえ無用とも思われる。そのかみは味つけに味噌を使っていた記録がある。今日は減塩の塩味。

七種の囃《はやし》という伝承があるが、はやしとは、細切れにする意で、その折となえる呪文のような歌と、俎・庖丁の音とを、伴奏に見たてて、囃と混同しているのだろう。

# ❖春

# 5 つくし

母よ妻よわが愛するは春すでに心づくしのなごりの土筆《つくし》

生駒山・高安山が東に霞んで見える河内野の一隅に、たまたま移り住んでから三十年以上経ってしまった。もう今は「野」の名残などほとんどない。昭和三十年代の終り頃までは、家から五百メートルも離れれば、小一時間で笊一ぱいの土筆が採れた。子供達ばかりではない。その子の母も、日曜日には父親も出て来て、野びるや芹を摘み、紫雲英《げんげ》や菫《すみれ》や蒲公英《たんぽぽ》の花束を作って、今は死語になってしまった「野遊び」に興じていた。

土筆が次第に姿を消し始めたのが四十年代の前半頃であった。野川の堤の葦の茂みに、去年はたしかに群生していたはずの土筆が、三、四本、申訳のように伸びて、摘むのも気がひける、そんな年が続いた。土筆は減っても、本体の杉菜は昔通り緑の群落を作っていたが、やがて、土筆は全く出なくなり、杉菜の藪も年を経る毎にまばらになって行く。そして今日、もうその杉菜さえ見られなくなった。野びるや芹もやがて消え、菫など逸早く絶え果てた。野川の護岸工事が徹底し、田畑や野原や空地に、高層住宅や倉庫・工場・商店街が建ち並び、五十年代に入ると、土筆は遠い記憶の中の野草になっていた。

その頃、丹波亀岡の山中にアトリエを建てた友人のデザイナーが、彼岸の入り近く、紙箱にぎっしり詰めて、裏山で採ったという、みずみずしい土筆を届けてくれた。嬉々として、私と妻はそれを両手に掬い、さやさやと袴の触れ合うひびきを楽しんだ。袴除《と》りは勿論私も手伝って、数年振りに、好物の卵とじを作ってもらうことにした。

土筆料理も、酢の物から佃煮まで、数えれば十種類以上あるだろう。どう料理するにしろ、あの野草の味わいの命は、長円錐形の頭部、嚢穂《のうすい》と呼ばれる部分の、微妙な苦みと歯ごたえ、舌ざわりにある。茎の部分だけなら他にも、いくらも似たようなものはあるが、嚢穂の風味は何ものにも代えがたい。

私は卵とじを最高とする。舌の味蕾《みらい》を軽くくすぐるようなほろ苦さが、卵黄と卵白の膜をかむることによって、快く強調される。ことわるまでもなく、味つけは極度に淡くし、甘みも味醂を数滴落とすくらいがよかろう。更にまたことわる要もないが、煮過ぎは禁物。煮る前に水に晒すのも十分を越えては嚢穂が台無しになる。当然のことに、佃煮風の保存食にするのは邪道と言うべきか。

約束の寒の土筆を煮て下さい　茅舎

昭和十六年、四十一歳で夭折した天才俳人川端茅舎は、「二水夫人土筆摘図」と題してこんな句を残した。弟子の一人である二水夫人との約束を想い出して、最期に近い病床のある日、吐息に似たこの十七音を吟じたのであろう。この句の前に「寒の野につくしつみますおんすがた」があり、「寒のつくしたうべて風雅菩薩かな」が三句目におかれる。

早春でも、まして春の盛りでもなく、寒中の土筆。立春前の、肌寒い、末黒野《すぐろの》の枯草むらを掻き分けて摘んだ幼い土筆は、これまたさっと茹でて、淡味の二杯酢かぬたにでもすれば、熱で荒れた舌にも快かろう。珍味も珍味、まさに「風雅菩薩」となって、身も心も透きとおる。茅舎は菜食を好み、それも極く少量で満足したと聞く。

かつて、節分に大和の二上山麓に赴き、溜池の傍の藁小舎の南の日溜りに、小指ほどの土筆が二、三本萌え出ているのを見た。寒の最終日の大和の土筆、私は「約束の」の句を思い浮べて、瞼を熱くし、しばらく立ちつくした。カンノツクシヲニテクダサイ！

正岡子規にも「くれなゐの梅ちるなべに故郷につくしつみにし春し思ほゆ」とか「つくし子はうま人なれやくれなゐに染めたる梅を絹傘にせる」などの土筆讃歌が残っている。

これは明治三十五年三十五歳の春、病床を慰めるため、伊藤左千夫が、紅梅に土筆を配した盆栽を贈った時、それを眺めつつ作ったという意味の前書がある。

東京に生れ東京で世を去った茅舎にとっては、土筆はもの珍しさを伴った風雅であったろうが、伊予生れの子規にとっては、幼時の想い出につながる懐しい味覚で、折に触れては松山郊外での土筆摘みを回想している。

年が明けると、「春の七種」がプラスチック容器にセットされて店頭に並ぶ御時世である。土筆が百貨店の地下の野菜売場で、独活《うど》や水芹《クレッソン》なみに買い手を待っている風景も、さして怪しむにはあたるまい。むしろ私は、それほど「土筆を売って下さい！」という需要があることを喜ぼう。野遊びの土筆でないことを淋しみはするが、では、麦秋の麦刈りを経験しない者は、パンの味もわからないのかと反駁されそうだ。百貨店の土筆大歓迎。

商品の土筆は一切ハウス栽培とか。ついでのことに、左千夫の例にならって、盆栽仕立ての、毎年発生保証つきの土筆を売り出してくれないものだろうか。

# 6　百合根

亡きかずに入りたる母がおもかげに立つほろほろと百合根の夕食《ゆふげ》

裏庭のプランターで、十数本の鬼百合が一斉に花を開き始めた。前の一列五、六本はぐんと背が低く、まだ蕾が固い。そして後列の逞しい、葉腋に黒い珠芽のある方より、よほどなよなよとしている。

この優しげな方は、正しくは「小鬼百合」と呼び、珠芽は持たない。それにしても、いくら姫百合の対称とはいえ、鬼はひどい。同じ鬼がついても、鬼蓮や鬼蘇鉄、それに鬼《おに》胡桃《くるみ》あたりまでなら、何となくうなずけるが、鬼百合とか鬼薊《おにあざみ》は、花が可憐なだけに、無残な気がする。もっとも鬼女蘭《きじょらん》・鍾馗蘭《しょうきらん》と呼ぶ恐ろしい名をつけられた蘭もあることだ。諦める他はあるまい。あわれ鬼百合。

小鬼百合の一茎、切り取って、客間の隅の暗緑色のビイドロ壜に挿す。なかなか趣がある。考えてみれば鬼百合の鬼は、元来、花や葉・茎の形状を写したものではなく、その性質の健強なことを現わしている。繁殖力の強さ、耐寒・耐乾性も抜群であることの証明、別に歎くことはない。他の鬼さんたちも御同様、そのスタミナを誇るべし。

わが家の鬼百合・小鬼百合、わざわざ植えたわけではない。歳晩・新年・早春、殊にお節料理に、好んで用いる百合根の煮物の使い残りである。おがくずに埋めて、厨房の隅に置き、春近くなると冷蔵庫に入れ、次第次第に少くなってゆくが、どうしても、やや古びしなびたのが一つかみは残る。

捨てるのは勿体ないと、彼岸前後にプランターに移す。そして桜が散り、大盞木《たいさんぼく》の花が香り、瑠璃柳や岩菲《がんぴ》が梅雨の晴間を彩り、のうぜんかずらの朱が暑気をそそり立てた後、この鬼百合が登場する。

鬼百合・小鬼百合、共に、野性のものより弱々しく、鬼百合は小鬼百合風に、小鬼百合は雛鬼百合とでも言いたいような風情で、うなだれて咲き出す。いずれも、一茎に十以上の蕾をつけ、下から咲き上る。

私は百合根が大好きである。百合根を欠いた茶碗蒸など、麻《お》の実《み》を省いた当節の稲荷鮨同様味気ない。木耳《きくらげ》・銀杏《ぎんなん》と並んで百合根は茶碗蒸の三大要素！だ。あたかも厚物咲の白菊のようなその姿のまま、薄味で煮て餡かけにしたのも結構だし、鱗片をばらばらにほぐし、梔子《くちなし》で黄に染めた、仄甘い百合根金団《きんとん》もまた格別である。急所は、微妙な苦みにあるだろう。苦みがひどくては困るし、全く抜けてしまっては風味が喪われる。

姿煮にするのは掃除が大変である。師走、お事始めも義士祭も終り、冬至の近づく頃、母が燈下で、明日煮る百合根の掃除をしている姿は、涙ぐましく心あたたまるものだ。半世紀昔の母の姿そのまま、今は妻がおさらいをしてくれている。

短日はたちまち暮れて、夜天は寒スバルがきらめき、犬の遠吠えが聞える。TVは連続劇画『赤毛のアン』の第何十回目か。養父のマシューの馭する馬車は、アンを乗せて林檎並木を走って行く。家ではマリラがパイを焼いて待っているだろう。終生娶らぬ素朴な髭男マシューと、生涯嫁がぬ淋しげな面ざしのマリラに養われている天才少女。この物語、そのほろ苦さが、何となく百合根の味。だがヨーロッパやアメリカで、百合根を食べることはまず絶対ないようだ。

掃除を終った百合根は一晩清水に漬けておく。灰汁《あく》が抜け、同時に早く軟くなる。姿煮の時は晒す時間を短めに切上げた方が良いようだ。丹念に掃除して、一粒の砂も、一抹のおがくずもとどめぬようにすると、どうしても煮崩れ易くなるが、多少崩れても構うことはない。素人料理は洗練され過ぎない方が、かえって味わいがある。

煮上って程よく冷えたのを、一すくい舌の上に載せ、その舌触りと仄かな甘み苦みを楽しみ、玉露のやや薄めにいれたのを啜ると、二種の苦みが、たとえばピアノの連弾に似た余韻を味わわせてくれる。こんな場合、酒なら何が合うのか、下戸の私には考えつかず、時には杏酒を取出すことがある。

百合根は古代から食用であった。万葉時代には既に鬼百合とおぼしい品種が、中国大陸から渡来していた。本来の野生地を江蘇省付近とする説、朝鮮半島付近とする説などがある。『出雲風土記』にも、牲《にえ》の一つとして、当帰《とうき》や芍薬、牡丹に桔梗のような薬草と並んで、百合・蕨・むかご等、食用植物が列記されている。救荒食糧としても重要であった。

百合の中では、透かし百合・鹿の子百合・山百合の類が食用になる。蝦夷《えぞ》透《す》かし百合は昔からアイヌの人々の好んで食うものだったし、鹿の子百合は古く中国料理にも使われて来た。小鬼百合には、食用として角田百合・和田百合・多度志百合等、北海道で栽培される品種もあまたある。鉄砲百合は苦い。

舊友の便り絶えつつ文月のすゑ山百合の根こそ送らめ

# 7 慈姑

野菜、殊に根菜もいろいろあり、大根・人参・蓮根・牛蒡《ごぼう》、いずれも形や色が野趣に富んでいて、絵になる。だが、日本画の題材に好まれること随一と言ってよいのは慈姑《くわい》だろう。扁球形の根塊と、おたまじゃくしの尻尾のような芽の部分が、たとえば桜桃《さくらんぼ》における柄のごとく、ほほえましいバランスと陰影を与えることと、何よりも青釉《ゆう》の陶器を思わす、鮮やかで寂しい碧瑠璃《へきるり》の肌の好ましさによるものだろう。ある人は俳味と言い、またある人は禅味とも言う。

俳句の慈姑は春の季題だが、それはその根を掘って食用に供する時季だ。花は真夏に咲き、三弁の侘しい白。中国原産で、唐の時代既に食膳に上り、日本でも早くから輸入されて、季節の味覚とされて来た。

漢名の「慈姑」がまたなかなか意味深長であり、何だか滋養分豊かな気になるが、これは、根に球茎の生じる様が、慈母の子に授乳する趣に通ずるためと伝える。お節料理に慈姑は欠かせぬものだった。次第に廃れつつあるが、歳晩の八百屋の店頭には必ず姿を見せている。わが家でも、たとえお屠蘇は忘れても、慈姑を抜きに新春は迎えられない。日本画もさることながら、茎芽の部分をそこなわずに、綺麗に剝き上げたものを、淡味で含め煮にした慈姑は、梔子《くちなし》で、やや黄の冴えを加えると、形も色も、他の料理を一段と引き立たせる。

私は特に、あのほろにがみとかすかな甘みが大好きである。栗よりも脆く、甘藷よりは固い、あの歯ごたえも好ましい。たて続けに五つも六つも食べるものではないが、箸休めに、膾《なます》などを食べた後、一つ口に入れると涙ぐましいような懐しさを覚える。ほろにがさにもあまたのヴァリエーションがあり、慈姑と百合根の差など、まことに微妙だ。百合根と零余子《むかご》の差も曰く言いがたいし、これらと大根・蕪菁《かぶら》の苦みは、近そうで遠い。欧米の人には理解しにくかろう。

慈姑は沢瀉《おもだか》科に属する。属すると言うよりも一変種とされている。ラテン学名は「矢」の意を表わす〈サギッタリア〉、もちろん葉の形による。ところが、この沢瀉という文字遣いが漢名のそれとは、ややずれており、一方、慈姑に対して、万葉集巻十「春の雑歌」に見える「山田の沢にゑぐ採むと」の、その「ゑぐ＝黒慈姑」が食用根菜として、古くから愛されているのでややこしい。

黒慈姑というのは莎草《かやつりぐさ》科の多年草で、これも慈姑同様、沼沢や水田に生える。燈心草の仲間だから姿も似ているが、根は慈姑のような形で、まさに黒い慈姑。民間薬として名があり、黄疸や消化不良に効くとされていた。これの漢名は烏芋《うう》。ともあれ、万葉時代は好んで食べられていたが、唐渡りの慈姑が普及すると、この白慈姑の方が有名になり、黒の方は忘れられた。唐代には、本国では、烏芋も慈姑も食用に供されていたが、現代では、日本とは逆に、烏芋のくろぐわいの方が好まれ、料理用としても知られている。

「おもだか」の正しい漢名は野茨菰《やしこ》。日本では「くわい」の漢名も、「茨菰」としているが、これは学名の上からもゆかりがあり、むしろ正しく、「慈姑」はやや文学的だ。

「おもだか」の漢名として、日本で用いる沢瀉は、実は「匙《さじ》おもだか」で葉がスプーンの形。他にも葉の形によって「箆《へら》おもだか」、「丸葉おもだか」などあるが、ともかく、これら沢瀉科植物の中で、食用になるのは、慈姑だけである。ただし、民間薬として、沢瀉の根は利尿剤となり、脚気・腎臓病には、その浮腫《むくみ》を除くために、煎汁を飲んだ。

世に名高い「吹田《すいた》慈姑」は、標準より小粒で一段と美味である。これは、慈姑を改良したのではなく、元来、慈姑より小さな根槐を持つ沢瀉そのものの改良種である。だが摂津吹田の名産も、次第に忘れられ、現在は辛うじてその名を止める程度と聞く。

京の上鳥羽《かみとば》でも、上質の慈姑を産するようだが、今日の主産地は、浦和・越谷・草加の水田地帯らしい。それもお節料理用はともかく、酒の肴の「慈姑煎餅」用に作られているとか。あれなら、何も慈姑に限るまい。

慈姑蒸しを知っている人が何人あろう。擂《す》りおろした慈姑に葛を加えた茶碗蒸しだが、蒸し加減は卵より蕪菁よりむつかしい。その風味は、何ものにも代えがたい。

慈姑饅頭は、藷蕷《しょよ》を併用、茹でて擂り合せて、小麦粉と共に捏《こ》ね、油で揚げたもの。私は揚げずに、むしろ、慈姑勝ちの藷蕷饅頭にしてほしいと思ったことがある。

慈姑羊羹を口にしたのも遠い昔、今日はその名も聞かぬ。甘みが過ぎると苦みは飛んでしまう。あれも栗羊羹風に、粒々の姿のままで、羊羹の中に練りこめばよかったのだ。それにしても、落ちつくところは、やはりあのお節料理、淡味の含め煮であろう。

戀すてふこゑも絶えつつ壯年の終り慈姑の青あざらけき

# 8 独活

山独活《やまうど》のどぎつき青の一束《ひとつかね》山ふかき土のやみがたきかな　坪野哲久『桜』

ものの役に立たず図体ばかり大きな男のことを貶す「独活の大木」という諺も、近頃はほとんど聞かなくなったし、使ってもまず通じないだろう。もっとも、昔、たとえば戦前にしろ、都会育ちの者に、独活という植物はとんと縁遠い存在で、どんな形をして、どんな育ち方で、花が咲くのか実がなるのか、理解を越えることだった。

何も独活に限ったことはない。「山椒は小粒でもぴりりと辛い」と言っても、煮た実山椒か、鰻に添える粉山椒を味わうだけで、木に生っているのを見ることは稀だったろうし、「蓴菜《じゅんさい》で鰻を繋ぐ」の実感も、持てという方が無理、「茗荷宿」という落語を聞いて、その茗荷が単に屋号以外の何物でもないと、永らく思いこんでいた人もあったくらいだ。

植物に関してはマニヤに属するかと、ひそかに思っているこの私にしろ、独活を実際に見たのは三十歳を越えてからのことだった。もちろん、八百屋の独活は見ているが、何しろ抑制か促成かの、白々と晒されたヴィニール製を思わす物体で、庖丁を入れても、さして芳香鼻をつくほどでもない。

三杯酢、味噌和え、飯蛸や鰆《さわら》との炊き合せなどは言うまでもなく、清汁《すましじる》の実にも、味噌汁の具にも向き、揚物にも独特の風味があって、この頃は早春から盛夏まで、食おうと思えばいつでも手に入る。大してありがたみもなくなり、それに正比例して香気も減殺されたように感じられる。そして世の人々の大方は、あれがどこで採れて、どういうルートを経て、あのスーパーマーケットの陳列棚に並ぶのか考えることもない。

四国は讃岐の山奥、祖谷《いや》地方の寒村を故郷とする一人の友人が、とある春の真昼、ふらりと訪れて、一束の山独活と一袋の蕎麦米を土産にくれた。それが本物の独活の見始めであった。その生き生きとした緑、その峻烈とも言いたい芳香、さっと熱湯をくぐらせて、灰汁《あく》を抜くのも惜しんだ一皿山盛りのその山独活、胡麻味噌を塗って頬張ると、身はさながら、人跡未踏の剣山の麓にいるような気持であった。あの、えも言われぬほろ苦み、えぐみ、そのくせ無類の、癖のある匂いは、香味野菜の中でも第一級であろう。但し、山独活に限る。

イェルサレムに蘇りたるひとの名を知らず。われらに晩餐の獨活《うど》　『装飾樂句《カデンツァ》』

二度目の山独活体験は昭和五十年四月二十九日、當麻寺《たいまでら》の牡丹を見に行った帰りに、妻の甥夫婦の山荘に寄った時のことだ。二上山の北、大和と河内の境の穴虫峠に近い雑木林の中は爪先上りの杣道《そまみち》があり、おりから山躑躅《やまつつじ》の盛り、足許には壺菫がこぼれ咲いていた。沢地へ下る斜面のそこここに、みずみずしい山独活が、十センチから十五センチに芽を伸ばし、緑青色の毛むくじゃらの茎が、もぎとる前から匂っていた。

爪先をあくで黒く染めながら摘み取り、時を移さず熱湯をあびせて、清水で濯ぎ、ありあわせのマヨネーズと生醤油で食った。祖谷独活が摘んでから二日ばかり経っていたのに比べ、このたびは直後。そのうまさは尋常一様ではなかった。これから春毎に通って来ようと、その時は彼我打興じて約し合ったが、果さぬままに十余年、そのあたりも伐り拓かれて、すっかり昔の面影を失ってしまったらしい。既に、その当時から、壺菫や笹百合の群落を狙って、専門の山・野草種苗業者が、トラックを駈って押しかけ、根こそぎ掘って持ち帰ると、土地びとは切歯扼腕していた。変り果てたあの桃源、見るに忍びない。

独活は五加《うこぎ》科の植物だ。五加は生垣に植えるし、その若葉は胡麻和えにして食べる。五加飯もなかなかの珍味である。それにその葉を陰乾しにした五加茶も変った風味がある。

山菜の筆頭楤《たら》の芽がまた、この五加科。このごろは塩茹でしたのがパックで売られているが、これまた採取直後の味は比べものにならない。焼いて生醤油で食べるのが最もうまかろう。山形あたりでは、七種粥にこの楤の芽も刻み入れると聞く。

朝鮮人参もまた独活の縁戚にあたるらしい。これを食用にした記録はないようだが、ともかく漢方薬中屈指の貴重種。同じ親類でも八つ手となると、なるほど、初冬に咲くこの木の、冷い炎のような円錐花序は、独活の真夏の円錐花序と似ているが、その葉を、冬季の牛の飼葉にする以外、人間の嗜好には役に立たない。

八百屋の店頭の真白の独活、あれは、言わば、「もやし」に過ぎない。あの歯ごたえと舌触りと、かすかな香りを楽しむのも、いかにも二十世紀末の、衰弱した都会人らしくて、あわれであるということもできる。

獨活《うど》のごとさびしき裸體きしみあふ少年感化院の沐浴　『日本人靈歌』

# 9　若布

欧米では、まず絶対に海藻を食べないのは一体どういう理由によるのだろう。過去十数回、欧洲各地に遊んで、どこかで、たとえ極く特異なケースであっても、食べるところを見てやろうと、虎視眈々と眺めて来たが、ついに徒労であった。たとえばヨーロッパでは蛸はデヴィル・フィシュと称して敬遠すると聞いていたが、マルセイユの海岸の市場では手づかみにして「さあいかが」と迫る風景もざらに見られるし、シチリア島のパレルモなどでは、叩きのめして、ぶつ切りにして、レモンをしたたらし、もりもりと食う。

Rと無縁の真夏､生牡蠣を同様にレモン汁かけで啜りこむ。大胆に海産物を食う点では、ナポリ界隈が有名だが、ここでも、海藻は、インサラータの薬味としても、決して現われることはなかった。

某日、TVで、異国人数人に、納豆・塩辛・焼海苔・蒟蒻・豆腐の五種を試みさせ、最も苦手、二度と御免蒙りたいものを挙げさせる番組があった。異口同音に指すのが、何と、最も抵抗の少なそうな焼海苔で、その固有の〝におい〟が我慢できないのだそうな。

二、三年前、これはアメリカ製ＴＶ劇で、若者達が女子大生のパーティに招かれるが、これが日本風ダイエット食を供する趣向で、サラダには海藻が山盛り。若者達は色・食の二律背反できりきり舞いするシーンがあった。私の伯母は今年米寿、子供の頃から牛乳及びこれを添加した食物は一切口にしないが、彼女が、たとえばチーズ各種を大皿に盛って差出された時の困惑ぶりを想像して、苦笑を漏らしたことだ。

そのくせ、欧風会席では、ひそかに、醬油は勿論、昆布だしも採用し始めているとか。人の嗜好、特に味覚・嗅覚の微妙な適応性とリアクションは不思議なものである。もっとも、日本国内でも、鮒鮨・くさや・しょっつる等、殊に魚の加工品類で、土地人以外は辟易させるもの少なからず、欧米人の海藻嫌いを訝しんでばかりもいられない。

海藻で古来殊にポピュラーなのは若布、たとえば、わが家でも、近来、塩昆布中心の佃煮類は一切遠ざけているので、三百六十五日、若布を何らかの形で食膳に供さぬ日はまずない。次が鹿尾菜《ひじき》、三、四が無くて五の昆布は、ほとんど出汁《だし》を取るのに活用するばかり。その若布も、東西南北、あらゆる地の、入手できるものは次々と試みて、目下は鳴門の糸若布を基本的に使うため、常備している。

若布のお国自慢も、米や山菜のそれにおさおさ劣らない。出身地、御贔屓筋を異にする数人が集った席で、軽卒に特定の産地のを褒めたが最後、蜂の巣をつついたような騒ぎになる。何が鳴門だ、淡路の灰若布にまさるものはない。いやいや紀州には及ぶまい。とんでもない、日本一は三陸物だ、一寸お待ちなさい、伊豆若布を食わずに口はばったいことを言うものじゃない。うるさいなあ、筑紫若布の存在を忘れて何を喋々するのか等、東海・山陽・北陸その他、街道の宿場の数ほど名産地があって、それぞれに譲らない。

出雲若布暗き緑を火にあぶりあとかたもなし青春の日日

若布は生のままを最高とする人、一度熱湯を通して発色させ、その鮮やかな緑を楽しむ人、灰をまぶして揉んだのをもどして食うのが正統とする人、十人十色である。だが出雲若布はあぶって食う。

桜の散る頃に出る若芽の、オブラートを思わす薄い葉を、板状に伸《の》して乾かす。これを助炭《じょたん》などを使って遠火であぶり、種々に賞味する。松江あたりの家々では、この走りの高価なものではなく、ようやく出盛った頃のをまとめて一年分買い、数日がかりで焙じ上げる。遠方の親戚、遊学中の子女にも送ってやる。但し書き抜きでこれを加工以前の状態で贈られ、味噌汁の実にして失望する例も少くない。何も火鉢・助炭でなくとも、トースターの弱で数分あぶっても、十分美味であるが、縁のない人には三文の値打もあるまい。酢の物に用いるくらいなら捨てた方がよかろう。鳴門若布を焼いて食うのと同じだ。
若布の名産地はまだまだある。蝦夷若布、それも抜群とされる国後若布。三陸物の中でも南部若布。関西では志摩若布。紀州物では加太若布、これは紀州公がかつて幕府に献上した逸品。そして何よりも、能楽の「和布刈《めかり》」の舞台となった長門と豊前の間の海峡物。陰暦十二月大晦日子の刻、すなわち午前一時、すなわち「元旦」の、薄明味爽《まいそう》に、神主が海中に入って若布を刈る。

〽和布刈の時到り虎嘯《うそぶ》くや、風早鞆の龍吟ずれば、雲起り雨となり潮も光り鳴動して、
沖より龍神現れたり。　「地謡」

単独の酢の物も結構だが、五月、出盛る頃の馬鈴薯や筍と共に、極く淡味に煮た若布を私は最も愛する。赤い蝦夷物以外なら、どこの産でも、別に去り嫌いはない。根若布もまた味わいが深い。

# 10 蜆

近松の代表作『心中天の網島』には、女房おさんの口説に「其の涙が蜆《しじみ》川へ流れて小春の汲んで飲みやらうぞ」から、下之巻の巻頭の語り「恋情ここを瀬にせん蜆川」、あるいは心中直前の「北へ行かうか南へか、西か東か行末も心の早瀬蜆川」、それにカタストロフの「名残の橋尽し」の「元はと問へば分別のあのいたいけな貝殻に、一杯もなき蜆橋」と、蜆川・蜆橋が要所要所に現れて、劇的効果を高めるのに役立っている。

蜆川は大江橋のすぐ東で堂島川から分れ、堂島と曾根崎との間をくぐり、曲りくねって西行し、桜橋・緑橋・梅田橋を経て、上・下福島の境に近く、またもとの堂島川に合流する、ささやかな流れ。蜆橋は堂島橋の俗称で、戦前は御堂筋線の電車・バスともに、南行の場合、大江橋の一つ前で「次は蜆橋、堂ビル前」と車掌が呼ばわった。蜆川は埋め立てられたし、停留所名も消えた。

十七世紀頃は、その名の通り、この蜆川あたりは蜆の採集地として世に聞えていたようだが、十八世紀に入る頃は既に、川も橋も有名無実、食べる方の蜆は取りも取られもしなかった模様である。必ずしも蜆川ばかりではない。淀川三角洲地帯は蜆の棲息繁殖の最適地の一つで、川口蜆・野田蜆が、物の本にもうたわれていた。網島の網も漁網、野田のあたりはその製造で聞え、小春・治兵衛の心中屍体を見つけるのは「朝出の漁夫」である。

蜆名所は関西では、蜆川よりもっと有名なのが琵琶湖から水注ぐ瀬田川の蜆。これは品質極上で瀬田蜆と喧伝されたが、湖で最も収穫量の多いのは、沖の島・堅田、最盛期は沖の島年一万貫と伝えている。瀬田蜆は、鈍色の中に黄や橙が混って美しく、泥中の黒褐色の蜆とは見る目に異なっていた。

江戸も亦、量産と美味とで名があった。ここも徐々に霞ケ浦中心の利根川筋にその名を奪われる。蜆は全国到るところで採れたが、湖は当然適地、信州諏訪湖物も知られていた。何しろ近世劇の一場面に、がんぜない孝行息子か娘が、天秤棒に蜆の笊を担い、寒中に売り歩く姿が、必ず現れるくらいだ。

太古、蜆は海中にも棲息して、蛤や浅蜊と共に育っていたが、第四紀頃から半鹹半淡水から、純淡水域に移って行ったという。

住吉《すみのえ》の粉浜《こはま》の蜆開けも見ず隠りてのみや恋ひ渡りなむ

これは万葉集の巻六に見える作で「春三月難波の宮に幸《いでま》しし時の歌六首」の冒頭、作者未詳歌である。鹹水にも、相当永く生き続けていたことが、この一首でもわかるし、この傾向は近世まで続いている。

孝子の蜆売りは、あわれを唆るために、指を真赤にしての難行、寒中と相場が決っているが、季節は断然春のものだし、俳句の季題でも冬ではない。だが桝で山盛りにはかって笊にあける風景など、もう昔々の夢になってしまった。近頃は百貨店の食料品部、川魚売場へ行けば、年中、どこかの産の養殖蜆が手に入る。勿論、そのかみのような、こくのある味わいは望むべくもないが、有毒物質の澱んでいる川の、生き残りの蜆などよりは、綺麗な養殖蜆の方が気持が良かろう。

春の蜆の次は土用蜆、味中心に考えると必ずしも上乗とは言えないが、むしろ産卵季の肉の肥えたのと、暑中の品がすれを珍重し、夏瘦せを防ぐ食餌の一つに加えるのだろう。

何もかも変って行き、理想的な蜆も手に入らず、えりごのみしていても始まらない時代だが、蜆はなつかしく好ましく、他の貝では代用のきかぬ、独特の味と香りがある。

二十世紀末の今日びでも、黄疸に蜆汁は、二、三十代の新人類とやらでも、雑学の中に保っているようだ。食餌療法でこれほど普及したものも珍しく、これは何よりも美味のしからしむるところ。蜆の味噌汁は、毎朝でも結構、八丁味噌を最高とする人も多いが、仙台味噌でも、京風に白味噌でも、合わぬ味噌はあるまい。五度に一度はいかにも水っぽい不良品を掴まされて、後悔することがあるが、これも時勢、我慢する他ないようだ。

黒紫色に、暗褐色に光る蜆を桶に沈めて、錆びた刺身庖丁など斜にさしこんだ、深夜のキッチンなど、いかにも「家庭」という感じがする。こうしても頑強に砂を吐かないのもあるが、塩を海水程度の濃さに投入すると、成績は良い。刃物の金気はどれくらい効果があるかは、半信半疑である。

剝身の酢味噌も良いが、私は佃煮を好まない。蜆の風味など、あの濃厚無残な調味で、どこかへけし飛んでしまう。由来、佃煮は、是非なく試みる保存食の域を出ない。濃口醬油と味醂とで、煮て煮て煮返せば、蛤も浅蜊も、諸子《もろこ》も鰹も、本来の味は全く失せて、あれではおがくずを煮たって変りはしない。

グリコーゲンを多く含むのは、貝類一般に通ずることだが、蜆は殊に健康食として、医師も大いに推奨するところ、塩分の少い白味噌は理想的ではあるまいか。

# 11 鮒鮨

川魚は一切願い下げという人も多い。淡・鹹両域にわたる鮭はどうやら喉を通るが、鱒はだめとか、鰻は食うが泥鰌は真平とか、なかなか好き嫌いも細分化される。

要するに、特有の泥臭さが敬遠されるのだろうが、陸封国で育った人々は、幼い頃から馴らされているので、その臭気がいつの間にか香気に変って来る。たとえばウィーンあたりで、鱒はもちろん鯉などを食わされて、何となく信州を思い出し、オーストリアに海のなかったことに気づくこともある。この国で川魚を嫌がっていると、メニューはすこぶる幅が狭くなって来る。スイスその他、似たような国は沢山ある。湖国・山国育ちの人々にとっては、お気の毒な存在だろう。

川魚と言えば反射的に鯉と来るが、鮒を最高とする人も多かろう。殊に琵琶湖の煮頃《にごろ》鮒は知られており、その味もすぐれている。そして、鮒の個性的な味わいの中心は、たとえば、甘露煮などではっと感ずる、あのかすかな苦みではあるまいか。洗いの歯ざわりや喉越しもさることながら、子持鮒の甘露煮はその苦みのために、他の川魚とは別の魅力がある。大体、佃煮・甘露煮と称するものの多くは、保存食としての欠点、すなわち、むやみやたらに甘辛く、あみも白魚も蛤も浅蜊もみな同じ味、海老だけがやっとそれらしい匂いを知らせてくれる程度、これならおがくずや水苔を煮てあっても、判別不可能とけなす人がいる。うなずける点も多い。

そういう人にも前記鮒の甘露煮は、鮎などより食べ甲斐があろう。ただ、事、近江の煮頃鮒に関する限り、その醍醐味は、絶対、鮒鮨にありと力説する人が、琵琶湖畔生れの人に、今でもあまた存在する。私の縁者や血族の八割方は、熱烈な鮒鮨党である。

その昔、と言っても昭和十年代半ばまで、彦根を中心とする湖南地方の梅雨明けは、梅干と鮒鮨という二種の漬物の漬込みに、主婦は忙殺されていた。梅干は百の家庭の九十九までが、必需品として、よほどの事情のない限り作った。鮒鮨はやや特殊な嗜好品として五割くらいの家庭が作ったとおぼしい。

まず梅雨に入ると、その界隈の川魚商が、あらかじめ注文を聞いておいた家々に五十尾百尾と、卵を腹一杯に満たした煮頃鮒を配り回る。主婦は鱗と鰓《えら》とを除き、内臓を抜いて洗い清める。卵に全く損傷を与えず、綺麗に始末するには、十代から見習っておいて、二十過ぎに嫁に行き、姑に叱咤激励され、三十代半ばまではかかると言う。

　掃除が終った鮒の腹に十分塩を噛ませ、桶にぎっしりと詰めて重石をする、この間の作業の一つ一つ、子供の頃から魚に慣れていないととても務まらない。京の祇園祭、大阪の天神祭が過ぎて、「秋来ぬと目にはさやかに見えねども」の盂蘭盆《うらぼん》過ぎから二百十日頃、桶から鮒を出して水洗いし、莚に並べて水を切り、風を通しておく。その間に白米を炊き上げ、鮨米程度に冷ましたのを、鮒の腹に詰め、桶の底から並べる。飯を敷いては鮒、その上に飯の層、また鮒と、交互に、均等に、丁寧にあしらう。この間のなまぐささがまた尋常一様ではない。馴れない人は嘔吐を催すだろう。ふたたび、相当きつい重石をかけておき、蓋の上へ汁がにじんで来たら水を張って、一定の日毎にその水を替える。

　貯蔵所は納屋の北向の、風通しの良い一角か、味噌蔵、漬物蔵の一隅。但し、十分になれ切ってしまうまでは、風の向きによって、家の中まで、異様な「におい」が漂うことになる。鮒鮨の大嫌いな女性が、鮒鮨なしでは夜も日も明けぬ家へ嫁いで来たら、一体どんなことになるのか、想像に余る。

　夜も日も、とは言うが、湖国でも鮒鮨を毎日食べるわけではない。漬物における奈良漬同様、盆正月に祭礼、来客、主人、家族の帰省時等の御馳走に類する。漬けこんで二年を経て、始めて桶から出す。飯はやや黄変して糊状になり、薄切りにした鮒は、その肉の部分が飴色、卵は円形に、鮮やかな橙黄色に冴え、皿に並べると至極見映えがする。

熱い飯に一、二切包みこんで、煎茶の出花を注ぎ、一息おいて箸をつけるのが、鮒鮨党の法悦境である。ぎらぎらと脂が浮き、これに用いた茶碗は、別の洗い桶で、藁灰を用いて洗うことになっていた。

たまたま御自慢の一尾二尾を土産に貰ったりすると大騒動、十重二十重に包んでも、必ずその「におい」は洩れ出て、人の顔をしかめさせる。その「におい」を臭気ととるか、香気ととるかは、嫌と好が分けるのだ。それは、欧洲のチーズへの反応と似ていて、好きな人々は嫌いな人々に、その味覚の貧しさを悼み、縁無き衆生として憫笑する。思えばその鮒鮨の劇烈な酸味と腥臭にも、確かに一抹のほろ苦さが加わっており、古くなるほど、味はまろやかになるようだ。

一夜寝て近江の旅のあかときにうらがなし鮒鮨の香に覺む

# 12　芹とその仲間

香辛野菜の中で最も多いのは、芹の仲間と紫蘇の一族だ。芹の仲間は、その花が、絹を張った長柄の傘＝きぬがさ＝繖の形に咲くので繖形科《さんけいか》と呼ばれる。われわれが最もよく見うけるのはパセリの花、野蜀葵《みつば》の花、それに人参の花あたりだろう。皆、一様に白の、花とも言えぬまずしい花だが、仲間の中の一つである茴香《ういきょう》は、鮮黄の泡のようなかわいい花をつけ、一寸女郎花《おみなえし》にも似ている。

香気も共通して、まことに爽やかな、すがすがしい匂いが、口中にひろがり、鼻孔と目頭を清めてくれる。芹・野蜀葵は東洋独特のもので、欧米では元来見むきもしない。それは、たとえば、セロリやパセリなど、欧洲渡りの仲間が、急速にゆきわたりながら、いまだに、歓迎されるには至っていないのと相通ずるところがある。特にパセリなど、素晴しい健康野菜で、このごろは寿司の彩りにまで添えられているのに、敬遠され、食べ残される。野菜サラダに混ったのさえ、丁寧に選り出している人の多いのは歎かわしい。古代歌謡の催馬楽《さいばら》に「大芹」という律の歌があって、「大芹は国の禁物《きたもの》、小芹こそゆでても旨《むま》し」で始まる。ここに言う大芹とは、古代に中国から渡来した当帰《とうき》のことで、これは貴重な薬用として栽培され、朝廷からの厳重な沙汰によって、播種・収穫・納入が守られていたのであろう。今日でも奈良県と北海道で、漢方薬原料として生産している。

小芹の方が現在の芹、その頃から、香辛野菜として大いに愛されていたのがわかるだろう。日本書紀にも万葉集にも、古今集以下の勅撰集にも、芹の歌は沢山見られる。

あかねさす昼は田賜《た》びてぬばたまの夜のいとまに摘める芹子《せり》これ　葛城王

根芹摘む春の沢田におり立ちて衣のすその濡れぬ間ぞなき　曾禰好忠

谷深み岩もと小芹摘みに出てそをだに春のしるしと思はむ

その他、『梁塵秘抄』には、僧侶や山伏の好むものとして、特に「根芹」を挙げているし、また、謡曲にもこの名の曲あり、足利義満の時、国々から捧げ物をたずさえて来る多くの人々の中に、神霊の化身がまじって、根芹を献じ、芹のいわれを語りおえると神体を現し、舞楽を奏するという筋である。

根芹は芹の別称で、本によると根の部分を食する品種のように説明してあるが、水面下に没した白い茎が好まれるので、自然こう呼ばれていたのだろう。地方によっては、芹を白根草《しろねぐさ》と称するのも、この例に洩れない。

もともとは、渓流や湿地、水田や川床に野生しているのを摘んで来て食用にするものだが、現在はほとんど栽培したものが店頭に並んでいる。野生のものは灰汁《あく》が強い。硬い。こわい。それに、猛毒の毒芹がほぼ同じ処に生えているので危険である。毒芹は根が竹のように節くれだっているので、すぐわかるとものの本には書いてあるが、それは書いてあるだけのこと、いざ草摘みに行ってみると、ざわざわと膝のあたりまで繁っている芹の群の中では、根もとなど十分確めてもいられないから、つい摘んでしまう。

私は芹が大好きで冬から春にかけては連日連夜でも飽かない。一に芹、二に野蜀葵、三に人参葉、これらのお浸しを貪り食う。煎胡麻で和えたのも、落花生粉末をふりかけたのも、時には鰹節を添えたのもよい。生醤油をかけるよりも、濃いめの、だし汁を少量かけるか、淡いめのにひたひたに漬けるか、その時の、他の料理によって変えつつ味わう。

だし汁は椎茸と海老を素材に作る。特に、お浸しや雪花菜《きらず》は、干海老を煮出したのが最も旨いようだ。鍋物にも芹は不可欠の青みであるが、牡蠣《かき》同様、Rのついた月が芹も出盛りの、一番香りの高い季節であるのが、符節を合せていて面白い。

芹も商品として栽培するのは大変な手間を要する。まず晩春に古株を植えつけ、真夏、一メートルくらいに伸びた茎をとり入れる。株元をそろえ、日陰に積み、冷水をかけて発根させる。十日前後で葉は黄落、節目毎に白い根が出る。これを中指ほどの長さに切り、八月末、九月初旬に、水田に植え、生長に応じて水を加減する。これを十一月から翌年三月にかけて、根ごと収穫出荷するが、寒中の採集は骨まで冷え上って、地獄の思いだと聞く。早春になると根には蛭《ひる》の巣くっていることもあり、注意が肝要である。

私も新鮮な、野趣のある芹が食いたくて、庭に植えたことがある。晩夏に植えて、その年の秋~冬、翌年の春までは理想的だった。だが梅雨の頃は、庭一面、芹芹芹、あらゆる草花が芹の藪に侵されて、全滅寸前、むしってもむしっても、三日たつとまた藪になり、根絶するのに一月かかって、それっきり、二度と栽培する気がしなくなった。だが、八百屋の店頭の、もやしのような芹は何となく頼りなく、少々苦くても、歯ごたえのある、野生の芹が、今でも恋しい。

# 13 山椒

彼岸が近くなると、庭の山椒《さんしょう》が淡緑の芽を吹く。味噌汁の薬味に欠かせなかった、柚子の季節は正月まで、立春前後には蕗《ふき》の薹《とう》、それが花になりおわる頃、山椒は芽吹いてくれる。これから五月に花が咲いて、実が生って、葉が暗緑色に硬くなるまで、わが家の食卓に、木の芽が現れぬ日はまずない。

それにしても山椒の木の成長の遅さはあきれるくらいだ。十五年前、隣りに、同時に植えた辛夷《こぶし》は、毎年毎年背丈ほどに伐るが、その翌年、花が終ってしばらくすると、あっと言う間に二メートル以上に伸びる。だが山椒は、剪定は一回もしていないのに、やっと私の肩あたりで、幹の太さも、精々ステッキ程度、これで擂粉木《すりこぎ》を作るなんて、想像に余る。勿体なくて、とても伐れない。

みつみつし　久米の子等が　垣下《かきもと》に　植ゑし椒《はじかみ》　口ひひく　吾は忘れじ　撃ちてしやまむ　『日本書紀』中巻

戦中派は最後のルフランへ来ると、ぞっとするのだが、この久米歌の「はじかみ」は、古代の山椒を意味する。現代では、薑＝はじかみ＝生薑《しょうが》で、こちらは熱帯アジア原産の唐《から》渡り、舶来植物である。その点、山椒は生粋の日本原産、まさに神代の頃から、人々の口をひりひりさせていたようだ。

生薑の辛み、芥子《からし》の辛み、山葵《わさび》の辛み、それに唐芥子の辛み、辛さの度合もさまざま、人の好みもさまざまだが、私は山椒を最も好む。もっとも、川魚のなまぐささを消すのには生薑が最適だし、鍋物の田楽には芥子がふさわしく、鮨や刺身は山葵に限るというのが常識だろう。カレーの辛みは総合的なものであり、あの印度的灼熱感は主として生薑・芥子のせいだ。最も劇烈な辛みは唐芥子で、私は、この辛さをあまり好まない。

山椒の若芽から若葉の期間は、庭の木から控え目控え目に摘んで用い、季節を外れると百貨店・スーパーマーケットに頼る。ここには夏冬なしに「木の芽」が売られている。

だが、粉山椒の方が効果的な場合も多々ある。一に鰻の蒲焼、二に鋤焼、三にレバー類の料理等は、葉や実ではいささか異物感がある。実山椒・花山椒は、おのずから別の食べ方があって、粉山椒の代用にするのは、いかにも惜しい。また、素人では作れない。

その昔、この粉山椒、竹筒入り、紙袋入りのをもとめたことがある。私が不運なのか、鮮度を保つのがむつかしいのか、おおよそは香気も失せ、何となく湿気《しけ》臭い。その頃のとある日、大阪心斎橋の某百貨店地下の香辛料売場に入って、各種メーカー色とりどりのスパイス類を次々と物色した。山椒は見当らない。聞いてみるに及《し》かずと店員を探した。

ラーメン売場との境で、二十そこそこの女店員が二、三人かなり大きな声で喋っている最中、恐る恐る中の一人に声をかけると、仏頂面でふりむき、「粉山椒の瓶詰はありませんか」という私の質問を聞きもあえず、顎をしゃくるようにして、おっしゃった。

「瓶詰は、その棚に並べてあるだけです」お前が見たのがすべてで、その中に混っていなければ山椒はないのだ、わかったかという意味だろう。考えようでは随分含みもある。「無い」とは言わない。「あるだけ」と答えた。万一私が仔細に点検して、たとえば、粉山葵のうしろから一瓶出て来ても、否定形を採っていないのだから、怒りようもない。

頃は八月上旬、私は冷房のきいていない売場で、怒りと不満で汗ぐっしょりだった。その足で梅田に足を伸ばし、某百貨店に赴く。香辛料売場に「七味家」の製品が、七味唐芥子他各種売られていた。物色したがない。担当とおぼしい中年の女性が答えてくれた。

「粉山椒は真空パックにして出しておりますが、夏場はどうしても変質し易うございますので、七・八・九の三月は引っこめます。お客様、何なら五月に、新製品が出た時、まとめてお求め下さい。お宅でパックのまま、冷凍保存なさいますと、相当長期間香りが変らないようでございます」

私はこの応答を聞いて、感涙にむせぶ思いだった。売場の担当はこうありたいものだ。以来私は、五月六月頃一括購入、冷凍庫に入れて鮮度を保つ。封を切ってからでも三か月は大丈夫である。ところが、今度は、鰻の専門店の粉山椒が気になって仕方がない。一流は勿論、超一流と言われる店でも、通り一遍の、やや湿気たのを、平気で出している。山椒などかけるのは邪道と言うのなら、そうことわって卓上に出さぬがよい。出すからには鮮烈な香気のを備えておくことだ。

実山椒、これはもう問題なく、兵庫県は養父《やぶ》郡朝倉山椒に限る。篠山《ささやま》ではこれを淡口醤油で煮た製品を年中売っている。大粒で軟かく、香気も満点、食卓に欠かせない。

私が最も愛するのは花山椒。あの微小な、魚卵状の、正確には蕾山椒を、年中備えておきたいのだが、理想的な製品がない。市販のものは塩から過ぎ、余りにも高価だ。

# 14 水菜

水菜《みずな》も蕪《かぶら》も菜種も白菜も大根も、すべて、今日は「アブラナ科」と呼ばれているが、改名以前は「十字科」であった。もちろん、花びらが四片、十字形であることに因るが、科名の「クルシフェラエ」は「十字架を担う仲間」を意味するラテン語だから、十字架はすなわち十字科と語呂も良く、ゆかしい名である。どういう理由で改名になったのか、局外の素人にはとんと理解しかねる。

水菜の属名はブラッシカ、これはキャベツのラテン名であるが、油菜も蕪も小松菜も体《たい》菜《さい》も白菜も、十把一からげにすべてこの属名で呼ばれ、種小名と変種と発見・命名者名がぞろぞろとそのあとにくっつく。

どれもこれも煮物と漬物に、特に晩秋から早春にかけて、それも寒中が一番うまい野菜であるが、関西に生まれ育った者には、水菜に一入《ひとしお》の愛着がある。鍋物もさることながら、漬物の水菜の味は、異郷にあっても忘れがたいものだ。あの一種揮発性の、目に沁みるような香気は、他の香辛野菜とは全然別の、すがすがしく、うら哀しい何ものかを含んでいる。曰く言いがたいノスタルジアの源だ。

水菜も壬生菜《みぶな》も京菜も、呼名は錯雑して、この頃では、量販店の野菜売場でも、一定していないし、間違っていることも往々にして珍しくない。標準名の水菜を、京都一円の人達だけが、気取ってみせて、ことさらに、一オクターヴ高い発音で「壬生菜どす！」と言うように誤解している向きもある。

違う。水菜は千筋菜の別名がある通り、細菜にこまかい鋸歯状の裂目が入っている。このさりさり・きしきしした感じが、特に鍋物などに入れる時は、目にも楽しい。白菜の、あの縮緬状の皺も、別の意味で鍋物的美観に数えられるだろうが、あれは漬物にした時も目を楽しませてくれる。

その点、壬生菜の方は、葉に鋸歯状裂目がなく、漬物に向いている。微かな辛みと、揮発性の香気は壬生菜が最高だろう。京の有名漬物店は、年中、たとえば真夏でも、冷蔵保存しているので、また抑制栽培・促成栽培物を用いて、自在に売り捌いている。

戦前は、京阪神の家庭では、晩秋初冬に、その家の母刀自が、必ず陣頭指揮して漬けこんでいた。沢庵を筆頭に、漬物類一切、店屋で買って間に合わせることなど、主婦の恥とされていた。酸茎《すぐき》だけは別であるが。

水菜は学名も「みずな」＝ブラッシカ・ラパ・リンネ・ヴァル・ラシニイフォリア・キタムラと呼ばれる。出自は今日もなお、判然とせず、日本特有のものと考えられる。水菜という呼称は、田の畦に水を引いて作るので水入菜、略して水菜となったと考えられており、この説は十七世紀末の『雍州府志』に見られる。それ以前の文献はない。

ブラッシカ・ラパは油菜の学名である。すなわち、水菜・壬生菜は、あの菜の花の一変種であって、第一、菜の花も蕾のままを漬物にする。しかもそのために品種を改良し、京都伏見系と呼ぶ特別品種も生まれた。もちろんその地で改良されたもので、蕾を収穫する期間が長びくように工夫されている。

ブラッシカ・ラパを油菜とするのは横山二郎説であるが、一方これを蕪と断定する藤井健雄説もある。蕪は根菜だという常識から見ると、いささか抵抗もあるが、水菜・壬生菜の近縁を考えると、蕪に傾く。

蕪の各種、ほとんどが、その葉茎の部分も食う。その苦みをまじえた独特の香気は、水菜・壬生菜と一脈相通ずるところもある。ともあれ、蕪と油菜は、植物学上は混然として明確な差異が見られない。なお菜種油用の品種は西洋油菜という品種である。

水菜の原型、ブラッシカ・ラパは、油菜・蕪をふくむ、その原形植物であろう。古典では二世紀半ばに蕪菁栽培の記事が『後漢書』に見える。日本では七世紀末、持統帝の代に、同じ植物のことが記録されている。

壬生菜のような特殊な個性はないが、関東では小松菜が巾をきかせていて、京阪神の量販店でも、このごろ急にスペースが割かれつつある。江戸の小松川出身とのこと、鶯菜・冬菜等、東京、古き佳き東京を思わせる呼称もあるが、この頃は極く一部の江戸っ子以外は通じないだろう。東京では、正月の雑煮用に不可欠の野菜らしいが、関西では、東京出身者しか知らぬこと、一般にはまず用いないだろう。個性が無さすぎて退屈である。

水菜の兄妹種に、かなり広まっている品種に体菜と如月菜《きさらぎな》がある。前者は主として漬物用に、後者は煮物用にされる。如月菜は陰暦二月、陽暦三月上旬頃の収穫で、この雅名に近い呼称あり、人によると冬の煮菜としてはこれを越えるものはないと言う。

水菜、これは郷愁の漬菜である。涙ぐむような香気が何よりも忝い。壬生菜には中京《なかぎょう》の呉服屋の厨《くりや》の、ひっそりとした影がある。

母ありし冬の壬生菜の香によせてわぎももかなしかなし臘月

# 15 菠薐草

小むつかしい漢字で、いかにも発音に従って作り上げた趣だが、中国からの直輸入で、漢名も菠薐菜で、今一つが赤根菜、この方は形状を写しているが、赤き根の菜は必ずしも菠薐草《ほうれんそう》に限らないから、使われなかったのだろう。但し肝腎なのがもう一種ある。

それが波斯草。波斯とはペルシアの漢字表記として、かなり通っている。昭和一桁の世界地図を見ると、印度と土耳古《トルコ》の間、裏海、すなわちカスピ海との間に、独立国としてのペルシアがある。西隣はイラクで英国委任統治地、その西のシリアは仏国委任統治地の印がついている。ペルシア渡りであると出自を語っているのが、この菠薐草の文字だ。

現在もカスピ海の西部、アルメニア地方とウズベク地方に、今日の栽培種に近いものが分布しているという。菠薐菜の名のついたのは唐の時代で、これが日本に舶来するのは、ずっと後の十七世紀初頭だった。

ヨーロッパに普及するのは十五世紀、二十世紀になるとアメリカに渡って、大々的に缶詰加工が行なわれ出す。PR用にあのポパイとオリーブが現われ、一缶口に入れれば俄然スーパーマンに変身、である。

事実、野菜各種の中でも菠薐草は有数の栄養・健康食品で、ヴィタミンA・C、灰分、燐酸・鉄等を多分に含み、早くからこれが宣伝されていた。既に昭和の初年頃、一般家庭では、食卓に不可欠の野菜となっていた。

日本の調理法は先ず第一が浸し物、熱湯でざっと茹でて、これを冷水に漬けて手早くすぎ、赤い根を揃えて切り、皿に盛る。花鰹をかけるか、擂胡麻をかけるか、昆布だしのきいた淡味の醬油に浸すか、生醬油を注ぐかは、その家その家の習慣がある。

ともあれ、朝食に豆腐の味噌汁と菠薐草のお浸しは、常識どころか掟に近かった。夏三か月は季節外れとなり、秋も霜が降るまでは味が落ちるが、品種を限定した高原栽培等で一年中、優良なものが口に入る。

問題は茹で方であるが、一頃、栄養価をそこなうゆえを以て、鍋でから煎りするのが流行した。これはいちじるしく味が落ちる。茹ですぎるとべたべたになる。昔ながらの処理方法がよいと、落ちつくところへ落ちついたが、これには理由がある。ある限度まで茹でて、手早く水洗いをせぬ限り、この科の植物のもつ「あく」がとれない。

すべての野菜から野草のたぐいまで、この「あく」の処理が肝腎なポイントとなる。しかもこの成分、たとえば蓼《たで》科植物、酢漿《かたばみ》科植物、藜《あかざ》科植物のほとんどに含まれていて、それぞれ、一種の「えぐみ」と「にがみ」が邪魔になる。菠薐草は不断草と共に藜科の、あくの強い野菜である。

欧米を旅する日本人が、第一日目から溜息を発するのが、この菠薐草（英＝スピナッチ／独＝スピナート／仏＝エピナールでラテン学名がスピナキア、果実に刺、とげ＝ラテン語の「スピナ」があることを意味する）だ。

あの緑褐色のどろどろの、排泄物を連想させる代物。口に入れても青臭いだけで、風味など全くない。ポパイのスピナッチも同様の泥状物質で、あんなものがなぜスーパーマンの源か、日本人には理解できない。

菜を食う緑黄野菜のたぐい、熱湯で茹でて調理はしてくれない。油で炒めるか、油をくぐらせて軟くするのが当然のこととなっているのだから望む方が無理だ。魚の塩焼をいくら切望してもだめなのと同根の嘆きである。日本ではお浸しの次に卵とじもあるが、これも前者のヴァリエーションに過ぎず、油炒めで食べる人は、いくら新人類でも、今日まずいないのではないだろうか。

今日、日本で栽培されている菠薐草のほとんどは、学名スピナキア・オレラケアであって、品種名は禹城《うじょう》・日本・次郎丸、あるいはヴィロフレイの四種がある。酸性土壌と暑気が大の苦手だが、品種が改良され、適地栽培や温度調節のおかげで、トマト、キャベツ、葱に次ぐ必需野菜としてまかり通る。

菠薐草正体もなき褐色の泥、ミラノにて恋し恋し日本　　詠人不知

藜科でもう一つ、なじみのあるようなないような個性的な草がある。それが箒木《ほうきぎ》。箒木が学名で、ラテン語は植物学者コッホにちなんで「コヒア」。源氏物語も「帚木《ははきぎ》の巻」、一般には箒草《ほうきぐさ》で、まさしく草本だから、学名がおかしい。確かに、昭和一桁時代、私の生家でも三、四本植えて、毎年晩秋に草箒を作っていた。実が生るのを知らなかった。

問題の粒々の実こそ、東北地方から進出して来た陸のキャヴィアこと「とんぶり」である。舌ざわりとのど越しはまさに珍味で、長芋や大根おろしにあしらうか、三杯酢がよく合う。但し、これにも特有の「あく」の一種蓚酸が、菠薐草同様含まれていて、食べすぎると必ず、口内炎をおこす。茹でない菠薐草も同様で、治療法はヴィタミン$B_2$の多量摂取が一番。二、三十錠で快癒する。

# 16 蕗

晩春初夏は蕗《ふき》の季節である。食卓に淡緑の彩りを添えるのがこの蕗と豌豆とクレッソンとアスパラガス。この中で蕗は最もお惣菜的でありながら個性が強く、必ずしも皆に好かれるとは言いがたい。この頃の幼・少年は、人参よりむしろ蕗を嫌う割合が多かろう。

わが家ではこの季節に計十二、三度は食膳に供される。高野豆腐・椎茸・莢豌豆・貝柱・海老・鶏の笹身等がたきあわせの素材。また筍も添えれば、更に季節感はゆたかになる。もっとも、私は五目鮨の具として、ばらまくのは嫌いである。どんなに小さく刻んでも異物感を伴う。なぜか筍は抵抗を感じない。

蕗の料理は立春以前の蕗の薹《とう》に始まる。一年の最初の、広義のスパイスであり、四月の木の芽すなわち山椒若葉に先んずる。これが刻まれて味噌汁その他の椀に、皿にちりばめられると、粉雪がちらついていても春の到来を感ずる。蕗味噌も佃煮もしばらく食卓を賑わす。蕗の広葉もあくを除いて生醤油で煮詰めるが、それは保存食に適する。「春は苦み、夏は酢の物、秋辛み、冬は油と合点して食へ」なる和歌風の訓えが伝わっているが、中心は春、これにきわまる。

日本の蕗はペタシテス・ヤポニクスと呼ばれる。属名はギリシア語のペタソス＝鍔広帽子にちなみ、無論その葉を連想してのこと。蕗属は北半球の温帯に二十種以上分布しているから、欧洲でもしばしば見かける。十数年以前、ザルツブルクへ赴いた時、郊外、南へ九粁《キロ》の地点にあるヘルブルン宮を観に行ったことがある。ここは一六一五年に建てられた時の大僧正の夏の離宮で、到るところに噴水が仕掛けられ、腰掛の真中から不意に飛出すようにもなっている。

沿道に細流が取り入れられ、その岸に日本のものとほぼ同様の、丈《たけ》一米ばかりの蕗が、ざわざわと風に靡いていたのを想起する。但し、ヨーロッパでは、これを食用にすることはまず絶対にないようだ。それは、同じく処々の林中に、ふんだんに出る蕨《わらび》も、決して食べることがないのと同断である。日本で蕗を食べることをつたえて、そんなに食糧に困っているのかと同情された人もあるとのこと。

アーティチョークやルバーブのたぐいを食べる奇異感と一脈相通ずるところがある。菊の花の三杯酢を、一度欧洲の人々に食べさせてやりたい。吐き出すだろうか。

蕗はもともと主産地は大阪府と愛知県、八百屋に並んでいるのは栽培品種だが、その昔は家々の前栽畑の腰に必ず植えておき、自給自足していたものだ。茗荷、山椒はもとよりのこと、筍、笹竹の子のたぐいも立地条件によっては「自給」植物のたぐいであった。

野菜としての蕗は、七月中旬に地下茎を掘りおこし、摂氏二度の冷蔵庫に二か月保存、九月中旬にヴィニール・ハウスに定植、十一月中旬にヴィニールを張り巡らす。加温の調節によって、促成・抑制両様の栽培が可能であり、この中、促成の、やわらかい薄緑ののは、早春に料亭料理にもあしらわれる。

もっとも、蕗にはさして豊かな栄養分は含まれていない。カロチンもヴィタミンAも、多く含まれているのは蕗の薹の方で、成長した蕗は十四分の一になる。

「蕗」の字は、中国では「つるむらさき」を意味する。蔓紫＝バセッラ・ルブラは熱帯原産の蔓草で、その花の蕾が、芽紫蘇や蓼の芽のように刺身のつまに用いられる。

一方、日本の蕗は中国になくて、あるのは蕗蒲公英《ふきたんぽぽ》、漢名は「款冬《かんとう》」である。日本ではこれを山蕗と称した。その「やまぶき」がそのまま薔薇科の鮮黄の花咲く「山吹」ととりちがえられてしまった。

平安期以来の百首歌や歌会の題には、晩春初夏に藤・躑躅《つつじ》と並んで款冬があらわれる。誤りのまま定着して、今更改めもならず、四季題の中では珍妙なものの代表として知られている。五月五日の菖蒲《しょうぶ》、あやめは天南星《てんなんしょう》科の植物で里芋の兄弟分だが、花菖蒲・燕子花《かきつばた》の鳶尾《いちはつ》科と混同され、全くややこしい。

雌黄《しわう》を点着《てんちゃく》して天に意《なさけ》あり　款冬誤って暮春の風に綻ぶ　藤原実頼
書窓に巻《けん》有りて相収拾す　詔紙《せうし》に文無くしていまだ奉行せず　慶滋保胤
かはづ鳴く神南備《かむなび》川にかげ見えて今か咲くらむ山吹の花　厚見王
わがやどの八重山吹は一重だに散り残らなむ春のかたみに　平兼盛

右は和漢朗詠集「春」の終りの「款冬」である。漢詩は二首ともに、黄色の公文書用紙に記述の誤りがあり、これの修正には胡粉《ごふん》の白で消すことはできない。天の神が情を以て山吹の黄で訂正するように配慮されたとの意を歌っている。その款冬はもともと早春のものなのに、日本へ来ると間違って、晩春に咲いたのだと念を押している。珍しくユーモアと皮肉をこめた詩ではある。

❖
# 夏

# 17 茗荷

一夏のすゑのたましひ衰へて淡き茗荷の香の夕心

茗荷《みょうが》と日本では書いているが茗はあくまでも茶の芽のことで、中国では蘘荷《じょうか》、何しろ生薑《しょうが》の弟分だから、文字使いもややこしい。植物学上の科の分類名も、かつては蘘荷科、今日ではショウガ科、仲間には花店で売っている香気の高い純白の花茗荷《ジンジャー》や、鮮黄の染料の原料になる鬱金《うこん》（ターメリック）なども加わっている。ずいぶんこわもてのしそうな感じだが、庭の隅の、全然日の当らないところへ植えすてておいても、一面に茂って、残暑の候から初秋にかけては、淡いはかない花を咲かせて、その若い苞《ほう》がいわゆる茗荷の子。

まさに生薑の弟分、それも腹違いの、やや劣性の、寂しい眉目を持った少年の感がある。生薑の、猛々しいくらい峻烈な香気と辛みに比べると、茗荷の方は仄かで弱々しく、全く自己主張がない。歯痒いほどの微かな辛さと苦さが、舌の根を一寸刺戟する。辛・苦以外の特有の香り。香と臭との間を、身を斜《はす》にしてすりぬけたような匂いが、やるせなく、侘しい。今一歩で青臭くなる寸前の香で、ほんの一瞬葱の香も連想させる。好き嫌いの生れるゆえんだろう。

原産は生薑の方は、アジアからオーストラリアに及ぶ熱帯地方だが、茗荷は中国で、日本には相当古代に渡来、今日では野生化して藪になっている所さえある。例の『魏志倭人伝』は三世紀の日本について記されたものだが、著者陳寿《ちんじゅ》は、日本には生薑も茗荷も生えているのに、人々はこれを調味料・香辛料に用いることを知らないと、やや軽卒な見解を示している。用途を知っていたからこそ、作ってもいたのだろう。

この伝はさほど信憑性がないにしても、七世紀前半の天平期には、文書に生薑・茗荷の記事もあり、確実に、日本人の生活にとけこんでいる。生薑の方は、段違いに活用・愛用されて今日に及んでいるが、茗荷の方はともすれば忘られがちになる。

少し性格の弱い弟は、だから何となくあわれで、かえってひいきにしてやりたくなる。暑中に花咲く夏茗荷、新秋に花咲く秋茗荷、いずれも愛すべきで、夏茗荷は刻んで晒して冷素麺《ひやそうめん》や笊蕎麦《ざるそば》の薬味にすれば葱の比ではない。後者はさっと熱湯をくぐらせてすぐ冷やし、八丁味噌か三杯酢で食べ、またそのまま糠味噌に一晩漬けて、香の物として賞味する。

福神漬や奈良漬にまぜても一入《ひとしお》の風味がある。刺身のつまからしゃぶしゃぶの薬味まで、あらゆる料理のあしらいに活用できる。その部門は、生薑の出る幕ではない。

無ければ無いですませるが、一度味を覚えたものには、何となく淋しくもの足りない。たとえば、イタリア料理のバジリコや、スペイン料理のサフランのように、不可欠なものではないし、第一季節が限られるが、「懐しさ」という点では生薑を遥かに越える。中国料理でも重用されているが、やはり目立たない。生薑の弟分ではある。

茗荷の子、すなわち蕾は、筍状の、固い幼いものが食べられるので、あの蠟色の花びらが苞《ほう》の間から出ると、中はすかすかになって食い物にはならない。

あの寂しい一日花は、ギヤマンの盃に浮べると一入の風趣がある。私は根もとから丁寧に掘って朝々楽しむ。植物の本によると、稀に実って蒴果《さくか》をつけ、裂けると中が赤いというが、私は絶えて見たことがない。

古典落語に「茗荷宿」あり、茗荷を食べると物忘れするという俗説を種にした話だが、亭主の懸命の努力によって、客が忘れたのは所持金の方ではなくて宿賃だったという欲呆けのお笑い。この健忘症と茗荷の関係は、仏弟子の周梨槃特《しゅりはんどく》が、記憶力ゼロで修行進まず、師に、おのが名札を首にかけてもらうと、かけていることも忘れるくらいだったというのにもつながっているのだろう。彼の墓から生えた「草」は、その「名」を「荷《にな》」ってきたとして、茗荷と呼んだという落ちがついているが、よく出来た話ながら、かえって信用しがたい。お愛嬌に止めておく方がよい。

古来、茗荷は民間薬として、種々の症状に利用されていた。根茎を掘り取って乾燥貯蔵、適宜煎じて服用すると腎臓病に効あり。同じく根茎を擂《す》りおろした搾り汁は、眼の怪我によい。凍傷には葉と茎を陰乾しにしたものを熱湯に漬け、これで患部を温める。

また、昔から「かきつばた＝杜若」と書かれていたが、実はこの杜若《とじゃく》は、ショウガ科の一種で中国原産。近似植物として、伊豆・紀伊から九州南部・台湾に自生する「青の熊竹蘭」がある。剪花の花茗荷《ジンジャー》に似て、紅斑のある美しい花を咲かせる。

一友人、土佐醤油の薬味に使いかけたら、その味絶妙で年中欲しくなり、出盛りの頃、次々と真空パックして冷凍保存。逐次出して用いているとか。味は変らないのかどうか、確かめるのを、忘れてしまった。

# 18 蓼

くれなゐの色なりながら蓼の穂の辛しや人の眼にも立てぬは　西行

世に「蓼食う虫も好々」という言葉があって、誰でも一応はうなずいてしまう。わかっているつもりだが、このことわざのニュアンスは、わりあい複雑である。単に「いかもの食い」とも異なる。天保の頃出た柴田鳩翁《きゅうおう》の『鳩翁道話』に「蓼食ふ虫もすきずきとやらで、ある所の息子どのが、この噂を聞いて、どうぞその家へ養子に行きたいと思ひつかれた」とあり、また、義太夫節『菅原伝授手習鑑』にも「希世殿こそ大邪人、蓼くふ虫もすきずきと、あの和郎を弟子にしたり」と語っており、むしろ対人関係の特殊な好みの比喩に用いられているのが目立つ。

人間は香辛料の中の一つとして、なかんずく鮎を食べる時は、不可欠のものとしているが、あの辛みの激しい蓼を、好き好んで食う虫の気が知れないという。だが辛いのは蓼にかぎらない。鷹の爪などを代表とする、あの唐芥子にしろ、ちゃんとあれだけを餌にして生きている昆虫が存在する。面形天蛾《めんがたすずめ》などもその一種で、辛みなど何とも思っていないようだ。ああいう虫は辛み・苦み・酸っぱさ・えぐみなどあまり感じないのだろう。

味はともかく臭気の強烈なものには、あまり虫が寄らない。たとえば、わが家なら、あまたある観賞用草木、ほとんど洩れなく虫害を蒙るが、ただ二つ、ゼラニウムと朝鮮朝顔に虫のついているのを、全く見たことがない。他にも公園の縁取りに使う、異臭の千寿菊も荒らされていない。どうやら虫共は味より香・臭に反応を示すようだ。

蓼食う虫、これがまた多士済々で、蓼小夜蛾《たでこやが》・蓼蚜虫《たでありまき》等数種いて、栽培蓼の大敵である。人間がスパイスに使う植物を常食にするとは、なかなか粋な虫、そのせいか、諺にも、必ずしも軽侮の気持はこめられていない。むしろ、つきあうのに骨の折れる変り者風の、要敬遠人物を指すことが多かろう。

あるいはまた奇特なことだと、ややあきれ加減に見ている趣も加わる。その好みの中に、醜悪でグロテスクな傾向が加わる時は、「蓼食う虫」のたぐいではなくて、あの「いかもの食い」になるようだ。

蓼と一口に言っても、スパイスになるのは、あまた蓼属の中の「柳蓼」、辛みのあるのはこれだけ。それゆえに、真蓼《またで》・本蓼とも呼ばれる。一昔前までは、田の畦、河川の堤の水に近い所、沼や沢の岸など、やや湿り気の多い所に群生していたものだ。この頃は絶えてみかけない。蓼は近頃、種苗店のカタログに麗々しく載っている。野菜売場の香味菜部門に、わさびや芽紫蘇と並んでいる芽蓼は、専業農家の栽培品種。どうやら信州の高原地帯が主産地らしい。

野原や路傍を彩っていた、あの金平糖のような花を咲かす大蓼も、とんと見かけなくなった。棘の一ぱい生えた蔓に瑠璃色の実をつける石見川《いしみかわ》や継子《ままこ》の尻拭《しりぬぐ》い、それに黒い実の鰻《うなぎ》摑《つか》みも、除草剤の発達と共に姿を消した。あれも蓼の親戚筋である。

更に、蕎麦という立派な兄弟分もいる。あれは大兄さんだろう。従兄には例の染料の藍もいて、蓼科植物は隅におけない。それから可憐な水引草、加うるに虎杖《いたどり》も血縁関係にある。虎杖など、かえって、その辺の山路などに、荒されずに残っている。肥ったみずみずしい茎は、皮をむいて食べると、適度の酸味があって、のどをうるおしてくれる。藍染の藍は七世紀以前に唐経由で入ったものだが、在来種の、燈台草《とうだいぐさ》科の山藍と区別するため、蓼藍と呼ばれる。

香辛料の柳蓼も、全草緑のもの、紅紫色のもの、広葉のもの、糸状細葉と種々様々、それも北半球に広く分布している。日本では、辛みがあって食用に供するものを総称して、俗に「料理蓼」としている。そう言えば、たとえば戦前は、普通の家庭でも、庭の片隅に、茗荷や紫蘇と共に、この蓼も少々、必ず植えていたものだし、山椒の木の見あたらない家はなかった。

雑草に混って蓼ばかり生い茂る貧乏世帯へ、鮎を食うから蓼を少々摘ませてくれと隣が無心に来る。度重なるので腹を立てた貧乏人が、こんどは、隣に鮎がある時を見計らって、蓼を食べるので鮎を少々お分け下さいと言う小話は有名だ。

それほど鮎と蓼は名コンビである。川魚特有の臭みを蓼の辛みで消すとも、鮎の香気を引立てるとも、考え方は分れよう。葉をもぎとってこま切れにし、擂鉢にかけ、飯粒と塩少々を擂りこみ、鮎が焼上るのを待って酢でのばし、丁寧に漉して添えるのが蓼酢。濃緑色のみずみずしさが、一しお鮎をうまそうに見せる。

蓼酢や芽蓼だけが蓼の用途ならず、葉唐芥子のように佃煮風にしてもよし、天麩羅の中にあしらうのも一案、活用はさまざまにできる。

うらわかき二人のための初夏に獻《けん》ず鮎いな一莖の蓼

# 19 茄子

あのかすかな酸味と、あくのえぐみは、一種独特の東洋風個性で、焼海苔や蒟蒻同様、茄子《なす》の味は、欧米ではまず理解されないだろうと思っていたところ、欧洲もラテン諸国では大いに賞味される。殊にイタリア、それも南部へ旅すると、ほとんどの料理店の、あまたの皿に登場するのに、改めて驚く。

何しろ、同じ茄子科のトマトは、イタリアが多産多食をヨーロッパ随一と誇っており、属名が同じ「ソラヌム」の馬鈴薯も、原産地の中南米より、欧洲での必須食糧になっているのだから、別に不思議とも言えない。この茄子と馬鈴薯、薄紫の花びら、鮮黄の雄しべ、若緑の雌しべ、なるほど兄弟分と思うくらいそっくりだ。もっとも茄子の花びらは五稜形で五片の切目はない。

ついでに、唐芥子・酸漿《ほおずき》・トマトの花も形は似ていて、一目で仲間とわかるが、色は違う。それよりも全く関係のないように見られる木本の瑠璃柳《るりやなぎ》の花、あれは茄子そっくり、はてなと思って調べると、果して茄子科。

考え方、見方によっては、茄子という草の実、インド原産だけあって、随分異国的な色と形を持っており、これを最初に食った人は相当な勇気を要したはず、第一、あれ単独では、必ずしも美味なものではない。たとえば馬鈴薯、たとえば甘藷、たとえばトマトのように、それのみの特殊な味は持っていない。鴫焼、鰊・海老との炊き合せ、糖味噌等々、他の素材との組合せや、各種調味料の活用によって、思わぬ効果を発し、天下の珍味とまではゆかぬまでも、忘れがたい、欠くべからざる惣菜料理の一つとなる。

あの深い茄子紺、それも絵に描きたいような、一個百瓦《グラム》程度の中長茄子が一番親しく好ましい。ラテン諸国へ行くと、三百瓦級の大型が山積にしてあり、あれでは鴫焼が駝鳥焼になってしまう。だが、鴫焼に最適の加茂茄子も、ああ丸っこくては絵にならない。また奈良漬専用の青茄子も、かえって気味が悪いものだ。長い間の慣れだろう。

鴫焼の香に立つ昼食《ひるげ》ひとり身のこの侘しさを楽しみてをり　詠人不知

何しろ、天平勝宝二年（七五〇）六月二十一日に茄子進上という記録が、正倉院古文書に見えるのだから、渡来や食い初めは、更に更に遡るだろう。ところが、橘・梅・鶏頭・

紅花・蓮等の太古渡来草木が、あれほど多彩に登場する万葉集に、茄子はただの一回も歌われていない。風土記にも姿を見せない。それほど平凡化・日常化していたというのならば、なぜ栗・芋・瓜・麦のたぐいが出て来るのかが面妖ではあるまいか。

清太が造りし御園生に、苦瓜甘瓜の生《な》れるかな、紅南瓜《あこだうり》、千々に枝させ生り瓢《ひさご》、ものな宣《のた》びそ蘞茄子《えぐなすび》。
山城茄子《やましろなす》は老いにけり、採らで久しくなりにけり、吾子噛みたり、さりとてそれをば捨つべきか、措《お》いたれ措いたれ種採らむ。
『梁塵秘抄』

十二世紀後半、後白河法皇勅撰の流行歌集には、こうして茄子が現われる。蘞茄子というのは、当時の茄子が、現代の改良を重ねた品種に比べれば、ずっと素朴で、当然あくも強かったのだろう。

この歌、二首ともに種茄子《たねなすび》を云々しているようだ。「ものな宣びそ」は、口を聞くと、熟れ極まって割れて、不細工だから、ものを言うなと禁止しているし、ひねた茄子を、そうとも知らず子供が食おうとしたのだが、そのまま放っておいて、「種採らむ」と言う。秋が深くなり、畑に放置された種茄子は、一種無残な感じのするもので、『新猿楽記』にも、「踵皸如山城茄子相霜（くびすのあかがりはやましろなすびのしもにあへるごとし）」という記載が見られる。

ちさはまだ青葉ながらになすび汁　「芭蕉翁真跡集」

元禄七年（一六九四）陰暦五月十五日、五十一歳の芭蕉は、伊賀に帰省の途次、駿河の島田の宿に夕刻到着した。連日の雨で大井川は増水、川庄屋の塚本孫兵衛如舟を訪問したところ、あたかも川止寸前、引留められて三泊五日逗留した。出立したのは十九日のことである。遠来の芭蕉をもてなすのに、まだ初物の茄子の馳走、畑の萵苣《ちさ》はまだ青葉のままで、花も咲いていないのに、はやばやと茄子汁が食えるとは、という、客としての、ねんごろな挨拶の句である。

五月雨に降りこめられている最中のこと、魚も菜も思うにまかせなかったことだろう。前栽畑の初生りの茄子は、雪中の若菜以上の心尽しであったに違いない。現在はハウス物が巾をきかせて真冬も茄子は売られ、初物も走りもあったものではないが、戦前は、その走りの高値を狙って、蔓細千生《せんなり》・真黒のような早生《わせ》種を、早春から藁がこいで培い、充分実の入っていないのを初夏に出荷して、食通と称する向きの需要に備えていたようだ。味は、当然はかないものだ。

# 20 ローズマリー

昭和二十四年の夏、松江で、当時発刊間もない、岩波文庫版、市河三喜・松浦嘉一共訳の『ハムレット』を手に入れた。他版はことごとく戦争中に散逸・焼失してしまっていたので、これが取りあえず座右の書となった。

漫然と拾い読みしているうちに、例の第四幕第五場、狂気のオフェリアが、レアティーズに、折取った木草の花々を、一茎一茎、あわれな台詞と共に捧げる場面に逼った。

これは忘れな草のマンネンロウ、どうぞあなた、幾久しくお忘れなく。また、これはパンジー、思出草よ。

兄のレアティーズは、妹が、狂気のうちにも、紛れることなく、忘れな草と思出草を選んでいることに、胸を搏たれる。その時、不勉強な私は、「マンネンロウ」が何やら、一向に不案内であった。辞書を引いたのは、ずいぶん後になってからのことである。

辞書には、「迷迭香＝まんねんろう、唇形科の常緑低木。地中海沿岸原産。淡紫の小花が五月頃咲く。樟脳様の香気あり。葉を蒸溜して迷迭香油を製し、内服として興奮剤、軟膏は疥癬用。日本薬局方所載植物」とあり、詳細な挿絵がつけてあった。だが、てんで実感が無く、私には幻の植物として、永らく珍奇な存在であり続けた。

やがてまた、更に新しい植物辞典を参照したところ、「マンネンロウ＝ロズマリン葉と称し、ゴスラヴィアのダルマチア地方で、特に多く野生する。革質の葉はロズマリン＝ローズマリー。ユー食品のスパイスに、また採集した油は石鹼の匂いづけ等に利用される。ヨーロッパでは古くから、民間薬として著名」とあり、いよいよ興味を唆られた。

ローズマリーはやがて、そのへんのグルメ・ムックやスパイス読本にも、頻々と登場するようになり、実物は知らなくても、名前だけは有名になった。私が、この植物に出会い、栽培し始めたのは、僅々、五年ばかり前のことである。短歌の選と添削を依頼された一婦人、が英米の婦人間に多いのも親しまれる要因の一つだった。ローズマリーという呼名私がローズマリーを見たがっているのを知ると、打てばひびくように、自邸にある一株を届けて下さった。一つかみほどのその株は、ぐねぐねと曲ったりしだれたりして枝を伸ばし、その飯粒ほどの、革質の葉は、一寸触れただけでも、目に沁むほどの芳香を放った。

体を動かしただけでも、あたりの空気が匂うほどの、強い香気であった。

一年余りは、頑として生長しなかった。大きくもならず、枯れもせず、不機嫌におしだまっているようなこの木に、私は興味を失いかけていた。ところが、二年目の夏に入った頃から、やたらに枝を延ばし、枝の先が地面にふれると、そこから根を出す。

青紫蘇をやや華やかにしたような空色の花が、葉の間に、刺繡さながらに咲き出した。その花は夏と言わず秋と言わず、甚しい時は粉雪が散らつく寒中でも咲き続ける。やがて無数の実が生る。生った実はこぼれて、一週間で発芽する。三年たつとそのあたりは一面にローズマリーの藪になる。だが背丈はせいぜい三十センチ止まりで、そこからしだれて地面を這い廻り、随所で根を下す。

昭和五十八年シチリアへ初めて旅した時、アグリジェントで、ローズマリーの生垣を見た。三メートルはあろうと思われる垣は、密生したこの木が絡みに絡み、何しろ細い道の両側がこの垣ゆえ、通ると体にさわり、時ならぬ芳香の洪水。ああ、これは亜熱帯植物かとうなずきつつ、一方で、あの寒中開花を思うと、何とも面妖な、したたかな木であることよと、薄気味悪くなった。

薄荷・紫蘇・バジリコ・サルヴィア・十二ひとえ、どれもこれも草木だが、たった一つ唇形科植物ではローズマリーだけが木本。さてその芳香木、スパイスとしては、日本ではあまり活用されてはいない。

地中海沿岸諸国では、羊の丸焼には、その腹の中へ、内臓を除いたあと、ぎっしり詰めて、臭み抜きと香りつけをすると聞くが、私はマトンを全然食べないので、鳥獣の肝臓料理に、山椒代りに、稀に用いる程度だ。

それよりも、利用価値は他にある。この飯粒大の葉、枝つきのまま、刈り取って、うんと集めて枕に入れる。すなわちローズマリー枕である。就寝中にその芳香が、鼻孔から脳に沁み入り、働きを活発にする。老人性健忘症に卓効ありとかで、既に商品化されているようだ。さもありなん、わが家の藪になったまんねんろう群も、邪魔にせず、もっと茂らせて、枕を作るに限る。

それにしても、あの強烈な樟脳的芳香は、食卓の上の諸料理に、何か変った、巧みな利用法はないものだろうか。手でしごいて嗅ぐと、この芳香には、多分に苦みも混っているから、菓子、殊にシャーベットあたりに、少量加えると、面白い味になるのではあるまいか。御存じの向きは、お教え願いたい。

# 21 蓮

食用蓮根には中国種・朝鮮種・愛知種・備中種と並んで杵島《きしま》種と呼ぶのがある。その産地、佐賀県杵島郡で、現在実際に蓮田を持って年々栽培収穫している友人から、私の懇望に応えて、栽培法を詳記したメモまで添えてどさりと蓮根が届いた。実は、杵島蓮根のうまさもさることながら、これをわが手で育てて、花を見たいと思ったのだ。

晩春に、特大の、人間一人入れるくらいのポリバケツを買い、粘土を底に盛り、水を張り、蓮根は煉瓦の重石をつけて沈めた。初夏には水中に巻葉が伸び、梅雨が過ぎると、あの白緑のヴィニール状の葉が、水面を越えて現れた。私の心は歓喜でうちふるえた。

週に一回は水を替えた。だが七月に入っても蕾らしいものは一向に兆さず、成長が鈍くなった。同時に、水は替えているのに蓮根は次第にぬるぬると腐り始め、あたり一面に異臭を放ち出した。葉は水面を越えはするが、茎がすこぶる弱く、なよなよと折れ伏し、もう開花の望みは全く無くなり、今はこれまでとポリバケツを引っくり返して、どろどろになった蓮根と、くたくたの葉と茎を一切処分した。園芸関係の本には、いとも心易げに、家庭で、古火鉢の中ででも蓮が咲かせるように説いているが、おそらく、私の無器用さと考え違いも手伝って、これは至難の技であることが身に沁みてわかった。

花もさることながら、私は蓮の実が大好物なのだ。あの、銀杏をやや大きくした寸法の実の「滋味」とも言うべき、淡くはかない味わいは、たとえば玉蜀黍、たとえば枝豆などの滋味とはまた一寸趣が変わり、むしろ椎の実や菱の実の味に通ずるものがある。

蜂の巣状の穴から、ヴィニール製のようなしなやかに固い皮に包まれた実の一粒を抜き取り、爪を立てて、しずかに剝ぎ取る。中からオブラート程度の膜におおわれた果肉が出て来る。尖端は、あたかも乳頭のような薄紫の部分があり、二つに割ることができる。浅緑の、蓮の全体像の、超ミニアチュール風の芽が納まっている。これはほろ苦いから取り除く。銀杏よりも歯切れがよく、林檎よりこまやかな果肉は、かすかなかすかな甘み、あるかないかの青臭さ、あたかも、実った稲の穂から一粒しごき取って、これを嚙みしめた時の味に似た、始めて口にした者にさえ、「懐しさ」を感じさせる味わいがある。

私はかつて、これが青果店などに売られていないのを、大いに歎いたことがある。花の盛りが旧盆の頃、実るのは下旬、食べ頃になるのは秋彼岸の前だが、まず、絶対に店頭に出されることはない。私の歎きを聞き伝えた知人友人が、次々と、その地の蓮の実を届けてくれた。だが、彼らの懇情にも関らず、蓮の実というものは、地中から切り取って、ものの五、六時間経つと鮮度を失い、たとえ宅急便で翌日着いても、もう本来の味は全くないのだ。蓮の実の束を、新聞紙でざっと巻いて、段ボール函に少量入れて届くのはまだしも、ポリエチレン袋に密封し、ぎっしり函に詰めて送って来たものは、蒸れてしまって、かすかな悪臭を放っている。

蓮の実は、池や田へじかに行って、そこで切り取ったものを、その場で食べて始めて美味である。私の幼時の記憶では、隣村の果樹園附属の蓮池のものが、朝、切られて、午前中に食べていたのだ。そうは言うものの、私はまだ、池畔で取って直ぐ食べる幸福にめぐり会ったことは一度もなく、終生あこがれ続けることになるのだろう。

印度・支那でも一種象徴の域に達した植物であるハスには、その部分部分に即して文字があり、「蓮」は実のついた房を意味し、葉は「荷」と記す。永井荷風の荷風とは、ハスの葉に吹き渡る風のことだ。花も根も、普通には使わない特殊な表記があるが、ここに記すと、印刷所泣かせになるから遠慮しよう。東南アジア各国では、蓮の実の生食は常識になっているし、中国料理にも、さまざまに加工して現れるが、日本では、特に現代では、たとえば、私が生食を称えると、不思議そうな顔をされる。まことに残念なことだ。

根は勿論大好物で、特に初冬の収穫期には前記杵島種の逸品を賞味する。酢蓮から天ぷらまで、可ならざるなき好素材だが、鰹節のだしで、薄味に煮上げたものが、蓮根自体のうまみを素直に出してくれる。孔の中に小麦粉で練ったカレー味の牛肉ミンチを詰め、こんがりと揚げたのも、絶妙の味がある。

日常私達が見る蓮はおおよそ淡紅だが、北米原産種に黄花があり、白蓮も見事だ。ところで、仏説阿弥陀経の極楽国土の「池中蓮華　大如車輪　青色青光　黄色黄光　赤色赤光白色白光」のその青、「青蓮院」の青い蓮というのは、実際に存在するのだろうか。エジプトの古代壁画には、青い睡蓮が見られる。花色に三原色はそろわないというゲーテの理論は、永久不変のものかどうか。現に芥子の花は赤・青・黄の三種が存在する。

# 22 菖蒲

旧暦五月五日を菖蒲湯とする銭湯が少なくなりつつある。第一銭湯そのものが減りに減ったから、菖蒲湯も柚子湯も昔の思い出に等しいし、もう久しい以前から、菖蒲という植物を、人々は忘れ去っている。十年も前に、その五月五日に、銭湯の表障子にビラが下っていて「本日ショーブ湯」とあり、何と花菖蒲の咲き誇った挿絵を添えていた。

もっとも、菖蒲と花菖蒲を混同しているのはこの風呂屋だけではない。戦前の有名な歌人さえ、新古今集の藤原良経作、端午の歌、「うちしめりあやめぞ香る時鳥《ほととぎす》鳴くやさつきの雨の夕暮」を鑑賞して、「あやめの花のゆかしい香りが云々」と書いているし、今日、「識者」の部類に属すると思われる誰彼の中に、区別をわきまえない人が相当数ある。

菖蒲には花と呼べるような花は咲かない。里芋科の植物だから、里芋の花に似た、白鼠の尻尾のような穂が出るだけである。また、間違われたあやめの花や花菖蒲、これらを加えたあやめ科の植物は、唯一の例外を別としてまず香りというものはない。例外は四月中旬から末にかけて咲く、純白の、匂いイリス＝イリス・フロレンティーナ。これまた誤って「いちはつ」と呼ばれることが多い。

銭湯の菖蒲湯もさることながら、家庭のそれも、年々さびれて来たようだ。第一、菖蒲がなかなか手に入らないのも原因の一つであり、そのまた理由として、旧暦の日取りがつかみにくいことによる。歳時記などに詳しい人は、端午・七夕・仲秋名月・重陽など、旧暦でなくては、風物天文の随伴しない例をよく知っているから、カレンダーに注記して、準備して、端午の前々日くらいになると、花屋に菖蒲の予約をする。昔は店頭の水桶に、旧の五月五日になれば、どっさりと菖蒲を投げこんでいた店も、高が十数軒の買手のために仕入れるのは二の足を踏む。

昭和三十年代までは、この菖蒲、八百屋の店頭にも並び、あゝそう言えば、今日は五月五日と思い出す人もあったろう。このごろ菖蒲をおいたら、花も咲いていないかきつばたが、何のためにと、見向きもしない人ばかりで、全部売れ残るだろう。昭和六十二年はその旧五月五日が六月十八日、六十三年は六月一日であり、ともかくその頃にならないと、菖蒲は、刈り取って風呂に入れるほどには伸びてくれない。旧の七月七日にならないと、牽牛と織女が銀河をへだてて相対する位置には見えず、旧九月九日になって始めて、菊花が香るのと同断、旧暦は意外なところで、切実に、現代人にも関わっている。

私は菖蒲入手難をおもんぱかって、三年前からプランターで栽培を始めた。しかるべき種苗店のカタログの秋季号には、必ず載っているものだ。小さなのを二株ばかり植えておけば、二年でプランター一杯にはびこり、全然手入れも不要、何しろ河床や沢の好きな草だから、水はやりすぎるくらいが良い。

原産地が、北はシベリア南はインドに及ぶので、寒中、零度以下になっても、地下茎は腐らない。四月中旬に新芽が出て、五月半ばには三十センチに、六月には一メートルくらいに伸び、菖蒲湯には十分すぎる。

葉は樟脳と月桂樹とを混ぜ、いささか青臭みを加えた鋭い香気がある。根は「菖蒲根」と呼んで、古来、重要な漢方剤、主として健胃剤としていた。生葉の煎汁は、その昔、飲んで疝気を、浴して腫瘡を癒す民間薬として知られていた。なお、蒲団の下に敷いて寝ると蚤除けにもなると聞く。

古書には、端午の景物として、軒に葺く以外に、菖蒲酒を謳っているが、これは根を刻んで酒に浸すらしい。ホワイト・リカーに少量の氷砂糖と共に漬けこめばよかろうが、まだ試してはいない。それよりも、菖蒲の奇香の生きるものに菖蒲酢がある。醸造酢二に対して清酒一を加え、菖蒲の葉と根を刻み入れ壜中に密閉する。冷暗所に一箇月保存、熟成という段取りだが、この菖蒲酢、三杯酢を作る時、適宜まぜると独特の風味が楽しめる。他の果実酒などと併用すると、そのカクテル風二杯酢、三杯酒は一層味に深みが出て来るし、杏仁を一リットルに二粒ばかり入れれば絶妙の香気が生れる。但し、好悪は、人により家によって甚だしく分かれるだろう。

古歌に出てくる「あやめ」は、ほとんど例外なく、この「しょうぶ」の方で、花あやめではない。寛治七年（一〇九三）、白河上皇第一皇女、郁芳門院主催の、菖蒲根合と呼ぶ歌会は、大江匡房や周防内侍も連なり、歴史に残る盛儀であった。記録によれば、その時の根、一丈六尺などとあり、銀紙に包んで差出したようだ。百人一首の「春の夜の夢ばかりなる手枕に」よりも有名な、周防内侍の代表作はこの時出されたが未判。

恋ひわびてながむる空の浮雲やわが下燃えのけぶりなるらむ　周防内侍

金葉集に入選、彼女は「下燃えの内侍」と宮中で呼ばれるようになったと伝える。

# 23 辣韮

葷酒《くんしゅ》山門に入るを許さずの「葷」を、葱・韮《にら》・大蒜《にんにく》の類のみとする辞書もあるが、この字は、生薑《しょうが》のような辛みを持つ植物をもふくむし、もっと広く、肉食まで指すと注する書もある。にら・にんにく・葱・浅葱《あさつき》・玉葱・それに辣韮《らっきょう》、すべてアリウム属で、ひとしくあの、独特の臭気があり、この中で最も激烈な臭みのあるのがにんにく。にらに似ていて特に辣《から》いのが辣韮、正しくは「らっきゅう」が、なまって「らっきょう」になった。

ラテン語でAlliumとし、学名はこの後に種小名が加わる。らっきょうの正式の名前はアリウム・キネンセ。中国原産のアリウム属ということになり、たしかにその通りだが、どの地域かは、今日でも、しかとは判らないらしい。一字だけなら「薤《かい》」の字を用い、有名な「薤露歌」は、人の命はらっきょうの葉の上におく露のようにはかないことを歌い、送葬歌であった。齋藤茂吉の歌あり。

裏戸《うらと》いでてわれ畑中《はたなか》になげくなり人のいのちは薤《かい》のうへのつゆ　『石泉』

アリウムと言えば、すでに久しい以前から「アリアム」と称する、派手な葱坊主の化物のような切花が、花店に出ているが、あれはアリウムの英語読み、品種も、中央アジア原産のアリウム・ギガンテウムの園芸種で、三月四月に咲かせる促成栽培。他にも次々と、アリウム・ローセンバキアとかナルキシフロルムとか、くねくねと長い茎が、洋室の活花にふさうので人気があり、花店では、韮を意味する「リーク」でかたづけているところもあるが、一寸見ると、とても、葱坊主の仲間とは察しのつかないのも生まれている。

らっきょうにもぴんからきりまである。好みも千差万別だ。極く普通に言って、小粒のものがうまい。らっきょうは、晩夏初秋の候に鱗茎を植えつけると、翌年の初夏には十個前後に分球していいて収穫できる。通常品種はこれを更に一年置いて数をふやし、小粒にするが、玉らっきょう・九頭竜などの品種は、一年でも優良小粒が採集できる。二年おいて小粒にする品種の代表は「らくだ」。

手入れの悪い前栽畑の石垣にそって、放ったらかしのらっきょうが、気がついたら三年以上たっていて、素晴しい小粒がどっさり取れる例など、昔はよく経験したものだと聞いている。この頃は、洗って、綺麗に始末したのが店頭に並んでいるが、本当は泥つきの、掘り上げた翌日くらいのを、すぐに塩漬にするのが一番うまい。だが、塩漬を終えて、好みの甘酢に漬ければいいようにしたのも市販されており、十分吟味した小粒物もある。

もちろん、玉葱の孫くらいの粒のもので、その風味を誇るのもあるにはあるが、第一食べにくく、一口に良否は云々しない方がよかろうが、私は嫌いで、いただきものなら別ながら、金を払って買おうとは思わない。

私は土つきのを買って来て、塩漬にして、甘酢漬けにするにしろ、極上の仕上り品を手に入れるにしろ、そのままで食卓に供することはまず絶対ない。酢を十分切って、わが家で年々作る、梅酒・杏酒・花梨酒のどれかに漬け変える。罎詰の百粒について杏仁一かけらばかり加えておくと、更にさわやかな、複雑な味になり、らっきょうのうまみも相乗効果でぐんと引立つ。カレーライスのつまだとか、漬物のあしらいには勿体ないくらいの洒落た味わいで、蒸雲丹に添え、納豆に添えして、前菜風にも楽しめる。

アリウム属で、酢漬生食できるのは、らっきょうのみ。にんにくを、稀には好む人もいるが、人種を異にし、あまりにも一般的ではない。らっきょうの辛みはむしろまろやかになり、臭みは香気に変じ、アリウム属に共通する歯ごたえと舌ざわりは、酢に合うことによって上乗となる。

壜の辣韮《らっきょう》天に首よせつつ死する五月、大人國《ブロブディンナグ》に友欲し　『緑色研究』

五月といえば、まだ新らっきょうが出る前であって、わが家の冷蔵庫の大壜は、残り少なくなった十個余りが、天辺近くに浮き上り、とんとらっきょうの溺死体を思わせる。それを覗きこんでいると、何だか、自分が、あの『ガリヴァ旅行記』のブロブディンナグ＝大人国の住人に変身して、他界をうかがっているような気になる。むいてもむいても皮ばかりのらっきょうはユーモラスな存在だ。

食用のらっきょうは紅紫色球形花序のかわいい花をつける。秋の到来を告げる花だ。そして、同じらっきょうの仲間でも、最も花の美しいのは暖国系の山らっきょうで、同じ紅紫色球形だが、花はずっと大きく華やか。

深山らっきょうは晩夏に、やや淡い紅紫、これは最も北方系に属し耐寒型だ。また今一種糸らっきょうは九州平戸の特産で、花は同じく小さい。

俳句では、辣韮は掘取る季節に準じて夏季六、七月の季題、他の季節では「冬の辣韮」とか「辣韮の花」とかことわらねばならぬ。

辣韮掘る父はなうたの越天楽　翔

# 24 薄荷

薄荷《はっか》に目箒《バジリコ》、ローズマリーに茴香《ういきょう》、オリガノにベルガモットと、スパイス用の草木を手当り次第に植えてみた。楽しいものであることはある。そして思わぬ結果になることも少なくはない。私は今、薄荷殿の跳梁に音をあげている。この草を定植したプランターはもとより、種を飛ばして廂《ひさし》を借りた植木鉢まで、二年か三年で占領し、のさばりかえって、その母屋の菫や捩摺草《もじずり》を片隅に追い詰めてしまうのだ。そして、引っこぬいても、一センチほどの匍逼根が残っていると、二週間もたてば、にょきにょきと新芽を出してもとの木阿弥なのである。万事休す。

もとはと言えば、ハーブ好きの貴方だから作って見られては？　と、メッセージをつけた薄荷の種子が、親戚から送られて来たことに始まる。それには、ミニ植木鉢に播種用の砂まで添えてあった。その種子と来た日には、御存じの方もあろうが、灰か篩《ふるい》にかけた微粒砂と見紛うようなこまかさである。

発芽するかしないか三・七くらいの賭で蒔いてみた。春彼岸にセットして、絹糸めいた緑の見えたのが四月も半ば、望外のこととして目を輝かせ、守り育てているうちに、五月の末にはひょろひょろと五センチばかりに伸び、六月には密林化、早速プランターに移植の運びとなった。梅雨季を過ぎると立派に一茎一茎が独立してその存在を主張し始め、試みに摘んで口中に入れると、当然のことに、あの芳香がひろがった。

この薄荷、うるさく言えば緑薄荷で、地中海地域原産の通称スペアミント、例のチューインガムに入っている、アメリカ人好みの品種ではあるが、わが家の庭にも、にわかに、童話的雰囲気が添い、それまでかわいがっていたバジリコをつい粗略にし、ローズマリーが小うるさくなり、脇へ押しやった。

お茶の時間にはカステラに添え、食事の時はポタージュに浮かべ、サンドイッチに挟みして愛用、とにかく次第にエスカレートするのが私の悪い癖で、それまでは対象によって厳重に分けていたスパイスの類を、何でも、一応スペアミントで代用するような溺愛振りを示して、われながら酔狂であった。

夏深くなると、この品種の特徴で一茎一茎の尖端にかけて穂状花序が生れ、薄紅紫の花が咲き出した。これを摘んで野菜サラダに添えると、これまたなかなかの趣となるが、その頃から、かたわらのバジリコのほろ苦さ、茴香の奇香、オリガノの辛みが恋しくなりだした。花を食うなら、ベルガモットも捨てたものではなく、臓腑《もつ》料理にはローズマリーに及ぶものはあるまい。それに、瓶詰の丁子や、ナッツメッグ、カルダモン、オールスパイスも食堂に勢揃いして、私の薄荷偏愛を、いつまで続くことかと冷笑していた。

草木のことなら、まかせておけと言いたいくらい自信のあった私が、がっくりとうなだれたのは、その初冬であった。四、五茎の実り了った薄荷を封筒に納めて、今年の例にかんがみるなら、これで十分と、プランターをまた隅に押しやって、やや恋冷めの心境で秋に別れた。バジリコの種子も収穫した。そして初霜が訪れ、薄雪の降る頃、ふと見ると、薄荷の枯れた茎の根本に、かわいい芽が覗いている。引っぱると根が現れ、それは生きていた。ああ、薄荷は宿根草だったのだ。

一年草はバジリコだけ、毎年播種を要するのはそれのみで、オリガノもベルガモットも一度種を蒔いたら宿根化、ローズマリーは草ではなくて木であったことをよく承知していながら、薄荷がそうとなぜ思わなかったのやら。植物の本にも、走根《ランナー》によって繁殖すると明記しているのに。

ところでそのランナーは、たちまちプランターの中で渦を巻き、翌年春は密林化。ほうっておくと自然淘汰で半分に減る。もううるさくなって根分けもしないが、びくともせず、もう四年目を迎える。問題は収穫せずに、飛び散るに任せておいた実の行方。

灰のようにこまかいせいか、十メートルも離れた薔薇の鉢や、フェンスの外側の都忘れの株間に発芽して、そのランナーで這い廻り続け、母屋の住人を弱らせる。

薄荷、用い方では洒落た効果があり、無くてはかなわぬ。だが、妻と二人のわが家では小さな一鉢に七、八茎茂っていてくれれば十分で、あとは捨てるにしかず、と思っているのに、ぎょっとするくらい、意外なところで殖えるのだ。助けてくれと言いたい。

日本に十八世紀初頭から栽培されていた、在来種の薄荷、英国を本拠とする西洋薄荷、葉に縮緬皺のあるオランダ薄荷、私の培った緑薄荷、すべて属名は*Mentha*《メンタ》。英名がスペアミント、ミント。仏名マント。結局のところ、スパイスとしては、甘いもの、主として菓子に一番調和するようだ。ちなみに、バジリコの目箒《めぼうき》に似て、薄荷も、その芳香成分が眼病に効ありと信じられ、目草と呼ばれていたことがあると伝える。

# 25 そらまめ

空に向って実が生育するので空豆と書くという説もあるが、歳時記などでは漢名の蚕豆が用いられる。漢名には他に胡豆・仏豆・馬歯豆などあるようで、何となく原産地や渡来経路を写している。何しろ、豌豆《えんどう》と共に、現在食べている豆類の中では、最も古くから栽培されていたものらしい。

早春、三月半ばから彼岸過ぎの頃、一メートルばかりに伸びた茎に、ぎっしりとついた花は、ういういしく素朴な、独特の趣があった。褐色の細い縦縞と、瞳の形の漆黒の円、それにあの鄙びた甘い香り。春が来た！と思わせてくれたものだが、近畿一円でも、このごろほとんど見かけない。

水田の裏作に、米の刈入直後に種を播き、二十センチほどの苗の状態で越冬させ、収穫は五月。麦の収穫前の食糧という意味もあって、戦前には至るところに空豆畑が拡がっていたが、戦後激減しつつあるとか。このごろ主産地は九州の福岡・佐賀・熊本になっているると聞くが、身近にも、早春から初夏の風物詩風に、プランターでも育ててみたい野菜の一つである。殊に花が懐しい。

大豆・隠元豆・豌豆・空豆、これらはいずれも未熟果を野菜として食べ、成熟乾燥したものも賞味する。隠元豆の中には、虎豆・鶉豆《うずらまめ》・金時豆・ビルマ豆・白隠元等々の、あまたの変種が含まれ、これらはほとんど、未熟果は食べない。未熟果は莢隠元類に限られ、種々の俗称があり、地方によって異なる。

未熟果を絶対に食べないものでは、小豆が代表的であるが、この他にも、近来、新種が次々と栽培され、信州の花豆など、何の改良種か判別がつかぬ間に、ポピュラーになってしまった。その他にも、百貨店・量販店の雑穀売場を覗くと、正式の名か、単なる符牒のたぐいか判らないような、雑多な豆類が並んでいて実に楽しい。そして、そのくせ、身辺からは豆類の畑が、あっという間に消えてしまった。場所を限っての契約栽培に移ったのだろう。ハウス栽培が主流とも聞く。

空豆の食用も、年々減ってゆく。古代エジプトやギリシャで栽培され、もともとは本家のヨーロッパでも、食卓にわざわざこれを調理して出すのを、ほとんど見かけない。料理店なら百に一つの割合でしか出ない。

豆の未熟果と完熟果では、どうしてあれほど味がかけ離れるのだろう。ビールのつまみの枝豆と、豆腐や煮豆の大豆が、同一のものとは信じがたいくらいである。

その点、空豆の生・乾の懸隔も甚しい。あの濃緑の若い空豆の、フェルトで作ったような柔らかく厚い莢の中から、若緑の豆の、黒い閉じ口のあるのをはじき出し、さっと塩茹でにして、一粒一粒口に運ぶ時は、まさに、初夏！という感じがする。うんと幼いものなら空豆御飯として炊きこみもする。

汁の実にしても、他の野菜や魚との炊き合せも、五月の季節感をそそってくれる。だがあの外皮は、一日二日時を逸しても、すぐにヴィニール状に硬化する。邪魔にならない皮の幼果を手に入れるには、自家栽培するか、特別のルートを作るかである。店頭のものはまず、前述のヴィニール状外皮で、中味を取出したあと、吐き棄てねばならない。柔らかい皮のまま食べるのが、健康上も好いことは言うまでもあるまい。

そして、乾物としての完熟果は、全く味が違う。一晩水に漬けて戻し、圧力鍋で煮上げると、皮も共に食べられる。甘く、あるいは甘からく、そして淡く、濃く味つけすれば、菓子の代りに、お惣菜として、実に親しみ深いものだが、知る人は少くなった。

関西では盂蘭盆《うらぼん》・地蔵盆の日々に、欠くべからざる馳走の一つだった。空豆の甘煮・冷素麺・まくわ瓜、これらは一方にアイスクリーム、西瓜、鯖ずし等を置いて考える時、まことに「旧盆」的であり、七月新盆の関東人には、恐らく縁の遠いものだろう。

幼年時代、私は、立秋過ぎての旧盆に、その空豆の、ほとんど餡状に煮たものを頬ばりながら、浴衣を引っかけて、緑蔭の読書にふけっていた。父の蔵書の中に、戯曲「蚕豆の煮えるまで」があったが、その蚕豆が、劇中で、どのように調理されていたかは、全く記憶がない。ひょっとして、ポタージュの材料にしたのではあるまいか。

トロイの遺跡からも、空豆は発見されたと聞く。中央アジアから地中海沿岸が原産地、スペイン、ポルトガル、エジプトに拡がり、日本には天平年間に、インドの僧侶が、唐経由でもたらしたと言われる。「そらまめ」という名が明記されたのは、十七世紀中葉だ。

英語の空豆はブロード・ビーン、もしくはホース・ビーン。前者は広豆、後者は馬豆。一方は形状から、一方は飼料とする関係での命名である。それにしても、あんなうまい豆を馬に食わすとは勿体ない。ちなみに、フランス語は fève《フェーヴ》という女性名詞、これはラテン語の豆の総称 faba《ファーバ》から来ている。

# 26
# 鮎

無類の健啖にもかかわらず、川魚は絶対いやという旧友が一人いる。たまたま会食の席で隣に坐ると、たとえば鮎の一皿は必ず、ひそかに私の空になったのと置き変えて、目顔で「頼む」という。折角豪勢な天然鮎を、見事に焼上げているのに、大嫌いなどと告白すると、座が白けるからであろう。

つつき散らして放っておくのも、まるっきり箸をつけないのも、一層相手方は気まずかろう。にがての料理はまことに困るものだ。かく言う私は西瓜が全くだめで、あの異臭が風上から漂って来ただけで、嘔吐を催し、夏の料理のデザートにそれが出ると、さりげなく座を外し、仲居に耳打ちして、適当に下げてもらうことにしている。

私は琵琶湖の南岸、彦根と八幡の中間地点に生れて少年時代を過したので、海の魚介は乾物を主とし、生魚・貝のたぐいは一切湖と河川で獲れたものに限られていた。当然、川魚専門の行商が週一回は回って来た。

鯉・鮒・諸子《もろこ》・魦《いさざ》・鰻・泥鰌・鯰等々その他名も知らぬ魚類が、春夏秋冬の食膳をにぎわわせた。そのくせ、鮎はまず普通、家庭の日常には小鮎だけが登場した。

酒と生醤油でからりと煮上げ、土生薑《つちしょうが》をあしらった小鮎で、佃煮のように濃厚な甘鹹《あまから》さに煮つめはしない。保存食の範疇には属するが、夏なら四、五日、蠅帳《はえちょう》に入れておく保存である。生きの良い小鮎を手早く処理したこの簡素な風味を、私はもう半世紀以上口にしたことがない。第一小鮎など手に入らぬ。

夏の終り、茂りに茂った前栽《せんざい》の樹木の葉刈と剪定に来る、農家の御隠居に、三時には簡単な食事を出す習慣があり、これが飯の湯漬け、菜《さい》は小鮎と決っていた。さらさらと、三杯四杯お代りをしていたのを思い出す。

たしかに煮しめた鮎での食事は、湯漬けに限った。江州《ごうしゅう》も昔は天下に名高い政所茶、信楽《しがらき》の朝宮茶と、宇治から一目も二目もおかれる煎茶の逸品はあったが、茶の香気が、鮎の匂いを殺してしまう。白米と白湯《さゆ》の淡く清らかな下地があってこそ、小鮎の微妙な味わいを生かすのだろう。

険悪の域に達した倹約家の揃った近江商人の家庭では、よほどの上流でも、成長した立派な鮎は、惣菜には用いず、贈答品として特別扱いにしていた。私などもむしろ大阪に居を移した壮年期以後の食物の一つである。

長良川の鵜飼の鮎、舟料理の鱠《なます》と塩焼、郡上八幡《ぐじょうはちまん》の簗鮎《やなあゆ》の鮎尽しのフルコース、その他さまざまの鮎を、初夏から晩秋までの花として何度と数えきれぬほど味わった。鮎の刺身に始まって雑炊に終るあの鮎尽し、鮎一点張りのアイディアは、遠慮なく言えば下の下であろう。あれを押付けられると、いかなる鮎ファンも、二、三か月はげっとなる。

これは鰯料理から筍・蒟蒻にいたるまで、ワンパターンの鈍感な趣向、いずれも兄たりがたく弟たりがたく、私は眉をひそめて敬遠する。急所要所に、華としてクローズアップしてこその名物ではあるまいか。

貞享五年（一六八八）、「笈の小文」の旅の六月六日、大津を出て愛知川に泊り、七日は赤坂に一泊、八日岐阜に到着、秋芳軒宜白の家に旅装を解き、賀嶋鷗歩の水楼で遊び、長良川の鵜飼を見物した。

またたぐひ長良の川の鮎鱠
おもしろうてやがてかなしき鵜舟哉

後者は殊に有名で、前書には「美濃の長良川にて、あまたの鵜をつかふを見にゆき侍りて」とある。芭蕉、時に四十五歳、そのかみは四十歳から老若の老の部に入るので、まさに壮年の盛りの「翁」であった。玄妙でやや詠歎的な味わいもたぐい長良。

この「やがてかなしき」句、言うまでもなく能楽の「鵜飼」に想を得ている。すなわち「隙無く魚を取る時は、罪も報いも後の世も忘れ果てて面白や」「鵜舟にともすかがり火の消えて闇こそかなしけれ」の二つを一つに縮めた、天才の趣向の巧みさを愛でればよかろう。芭蕉、これが初物ではないが、すこぶる気に入った様子ではある。

その昔は、京都の疎水の鮎が、湖にも池にも属しないので、禁漁の治外法権で、ここで獲ったものを、京都祇園・木屋町に運び、初物好きの客を喜ばしていたとか。今では想像もできない。北限は北海道の余市川、林檎の花の散る頃、子鮎が源さしてさかのぼるのは壮観であるとか、友人に聞いたこともある。

近年、私は生の鮎もさることながら、獲れたてのをひらいて薄塩を施し、半乾きにしたものを特に珍重している。矢作川《やはぎがわ》漁業組合の専売とも言うべきもので、鮎の味わいは十分であり、しかも川魚嫌いの人々も、ほとんど抵抗なく舌鼓を打ってくれる。

冷凍保存すると確実に半年はもち、端境期にも時ならぬ鮎料理が客にすすめられる。養殖の、ぶよぶよの、脂だらけの鮎におぞけをふるった人には、またとない清涼剤になるだろう。七月から売出している。

# 27 筍

勅封の笋《たかんな》の皮切りほどく剪刀《かみそり》の音の寒きあかつき　　森　林太郎「奈良五十首」

一九二二年一月一日発行の「明星」一巻三号に、M・R・の署名入りで掲載された。五十首の第九首目で、「正倉院」の副題あり、若い筍の、まだ誰も手を触れぬ清らかさを、時の帝が封印したようだと、大胆な比喩を試みたのだろう。掘って食べたら罰が当りそうな、鷗外的見識と権威のある一首。

正倉院というからには、日本原産種の寒竹よりも、唐渡りの孟宗竹《もうそうちく》を連想した方がよかろう。必ずしも実際に東大寺大仏殿北西部に生えている竹を調べる必要はない。孟宗竹は中国二十四孝の一人、寒中に母の望む筍を掘りに行き、天の感ずるところにより、雪をかぶった筍を得た孝子孟宗にちなんだ名、学名をフィロスタキス・ヘテロキクラと言う。

中国江南地方の原産で、向うでは江南竹、あるいは毛竹と呼ばれ、広く栽培され、食用に供される。孟宗の名が無かったら、唐渡りでは気づかぬくらい、日本でもポピュラーな竹になっている。祇園祭の「孟宗鉾」など、由来を想起する良い教材でもある。

孟宗竹の日本渡来は一七三六年、琉球経由で二株、島津藩主が移植した。場所は現在の鹿児島市磯公園と伝える。十八世紀前半のこの頃は海外の文物が盛んに導入されつつあった。一七一六年には与謝蕪村が生まれ、享保の改革が始まった。一七二〇年には、幕府がキリシタン関係以外の洋書の輸入を許可することに踏み切った。エレキテルの平賀源内の生まれたのが一七二八年であった。

それから後、急速に、北へ北へ、東へ東へと栽培が進められ、現在北限は函館になっているが、実際には、岩手県より北になると、十分には生育していない。食用の筍の中心は京都近郊一円であって、確かに竹林の経営は、単に食用の竹類に限らず、建築用・細工物用のも、このあたりに生産者が集中している。

グルメ・ブームになる以前から初物嗜好と相俟って、早掘競争である。四月に入ってからではもう珍しくないので、九州南部の二月物、三月物が迎えられる。料亭などで供する初冬・酷寒の孟宗筍は、ほとんど台湾産で、地元では十一月に若筍を食膳に出す、もっとも珍しければすべて良しとは言えない。四月中旬が最も自然で、真の味はある。

夢かよふ道さへ絶えぬ呉竹の伏見の里の雪の下折れ　　藤原有家『新古今集』

柳に雪折れ無し、竹も亦雪に折れるとは考えられないが、十二世紀末・十三世紀初頭には、こういう珍しい修辞も見られる。雪の重みで、ペシッペシッと竹の折れる鋭い音がする。仲を隔てられた恋ゆえに、夢の中だけしか逢えないのに、その夢路さえもその音で断たれるという嘆きである。作者は一二一六年六十一の歿。この「呉竹」とは伏見の枕詞であり、同時に淡竹《はちく》のことである。その淡竹は日本にも古来野生があったとの説と、唐渡り説とが相半ばする。

だが、呉竹とは呉・越の呉の国から来たからこそ、その名が生まれたのだろう。当時も宮中の清涼殿の北には「呉竹の台」があり、この竹が植えられていた。筍は独特の歯ざわりがあり、歯切れも快く、孟宗竹に少々遅れて出るので、その野性的な風味を愛される。

日本原産の寒竹も、その筍は晩秋十月頃の珍味として聞え、中国南部原産の寒山竹は、「寒山拾得」の図でお馴染、日本でも九州では、その美味、孟宗の比ではないと称揚されているが、加工品類でないと、一般には手に入りにくい。話の種程度で、さあお惣菜にというわけにもゆかないのが寂しい。

山ゆゑに笹竹の子を食ひにけりははそはの母よははそはの母よ　　斎藤茂吉

大正二年五月二十三日、茂吉の母は五十八歳で逝去、三十一歳の作者は葬儀を済ませた後、蔵王高湯温泉に赴いて悲しみを癒やす。笹竹の子の歌は、その年十月に刊行の処女歌集『赤光』に収められ、「死にたまふ母」の「その四」に、切々たる悲調をひびかす。これがたとえば旬の孟宗竹だったらどうか。孝行にちなんだものゆえ、ぴたりと思われるのだが、詩歌というものは、即《つ》きすぎると俗臭を帯びて鼻もちならない。「笹竹の子」だからこそ詩情が漂う。哀しみも徹る。

笹は学名もＳＡＳＡ＝ササ。千島笹は日本の七百米以上の高地に生え、笹類の筍中最も美味。篠子《すずこ》と呼ばれる。隈笹は白い覆輪があって庭の装飾や活花に重宝されるが、食用になる筍は出ない。

筍料理専門店が方々にあるが、八寸から漬物まで一切筍、これでもかというほど筍一点張りで、智慧のないこと愛想がつきる。季節の淡水魚や、他の山菜をアクセントにする工夫がなぜ浮ばないのか。これは蓮（根）料理専門の会席も全く同断で、何度行っても改善の気配が見えないので、匙を投げた。筍は家庭料理に限る。

# 28 杏

一九九〇年六月下旬、ヴィシーを振り出しにクレールモンフェラン、ティエール、ル・モンドール、ユッセル、オーリャックと、名作『家なき子』ゆかりのオーヴェルニュ地方を経めぐったことがある。ミディ運河沿いにトゥールーズ、ペルピニャンと南下するに従い、行く先々の八百屋や市場で、今を盛りの杏《あんず》がふんだんに店頭を飾っていた。

日本ではこの頃、滅多に見られない橙黄色の大粒の実で、まことにうまかった。フランス語の杏は〈アブリコ〉、杏のジュースもいたる所に売っていて、まさしく絞りたての新鮮なものとおぼしい。〈ジュ・ダブリコ〉は行く先々で、初夏の渇きを癒してくれた。

初夏の欧洲では、あの黒紫色の甘い桜桃の味こそ主役と思っていたし、朝市の屋台の籠にはその桜桃＝スリーズも、溢れるばかり盛られていたが、地中海に近づくと断然杏が主役であった。生れつき杏の大好きな私は、これから毎年来ようかと思いもした。記憶の街カルカッソンヌ、ナルボンヌに泊り、ヴァレリー「海辺の墓地」のセートに遊び、思う存分杏を食べた。あれから四年の歳月が流れようとしている。

杏のそもそもの原産地は中国の山東・山西・河北の山岳地帯と考えられている。それが前漢時代、ペルシアを経てアルメニアに伝えられ、ついでギリシアに渡り、南ヨーロッパの地中海性気候に適合して、ここで欧系品種が創られ、十八世紀に入ってからアメリカに迎えられた。カリフォルニア中心に大々的に栽培され、干杏・ジャムの大産業に発達して現在に至る。ともあれ、私が貪ったあの地中海沿岸の杏は、そこへ達するまでには、BC二世紀以後のそらおそろしい年月を要した。

杏の学名、プルヌス・アルメニアカは、その種小名にアルメニア経由であることを証している。だが、日本には延喜式記載の、すなわち十世紀には既に知られていた植物で、名前も、渡来経路を示すように「からもも」と呼ばれていた。梅と並んで古いお馴染みだ。

現在も奈良市内に〈杏＝からもも〉と呼ばれる町名あり、この伝承をゆかしいと思う。もっともこの〈からもも〉、実を食べるために輸入したのではない。薬用に杏の核、いわゆる〈杏仁＝きょうにん〉を輸入したのが始まりである。今日でも使われている漢方薬の一つで、スパイスにも用いる。

〈杏＝あんず〉の呼名は十七世紀初頭に初めて見られる。正しくは〈杏子＝きょうし＝あんず〉であろう。すなわち〈きょうし〉は呉音、〈あんず〉は唐音だ。そして〈子〉は元来その実を示す字である。

杏仁も〈あんにん〉の読みもあり、中国料理の杏仁豆腐がそれである。日本における杏には中国の歴史が必ずまつわっている。長安の曲江のほとりに「杏園」あり、唐の頃、進士の試験をパスした人の祝宴用の庭園であったと伝える。陰暦二月は杏の花の開く時ゆえに杏月と呼ばれ、韓愈には「杏花詩」あり。

孔子の学問所は「杏壇」、山東省曲阜《きょくふ》の孔子廟内に残っている。医師、もしくは医家の美称は「杏林」。三国時代に呉の重奉が、治療は無料、代りに病気が治ったあかつきは、義務として必ず、重症者は杏の苗五本、軽症者は一本植えよと言ったところ、数年間で杏の林ができたという故事にもとづく。

美人の形容に「杏瞼桃腮＝きょうけんとうさい」あり、杏の花のように白い顔・桃の花のように紅の頬を言う。私も生家の庭に、杏の花が咲き満ちていた春の日を記憶に止めている。ほのかな紅をとどめた白だったと思うが、多分、中国のそれは純白だったのかも知れない。六月にはたわわに実った。

中国の杏にはプルヌス・マンシュリカ、あるいはプルヌス・シビリカがあり、名の通り満州・シベリア（蒙古）の原産。だが果実はいずれも食用にできるものではない。

もともと中国で用いるのはその種子＝杏仁であり、あの固い殻の中の胚子は薬用・食用いずれにも活躍する。欧洲のアーモンドを考えれば、必ずしも意外ではあるまい。杏仁の香気は鋭く爽やかで、スパイスとしても個性的である。わが家では梅酒・榠樝《かりん》酒を作る時に、特に後者はでき上った時、一リットルについて杏仁の三、四個を入れておく。香気が味を深くする。ちなみに梅も桃も、その種子中の胚子は、ほぼ同様の芳香を持っている。

日本の杏は長野県が筆頭で新潟・山形等がこれに次ぐ。銘柄は「平和」「新潟大実」、それに「山形3号」が代表的と聞くが、大阪ではついぞ八百屋の店頭、百貨店の果実売場で見たこともない。七月上旬には期待してたずねて回るが、久しく好物の杏を口にする機会を失っている。楊梅＝やまももも同様、足が早いので、生産地が出荷を警戒しているのだろうか。加工品よりもなまの実を切望している人も多かろうにと、私は無念である。

花あんず紅きかたへのゆすらうめ遅く咲きつつ早く散りにき　　相良　宏

# 秋

# 29 目箒

目箒は「めぼうき」、植物学上はメボウキだが、こう書くと何のことだかさっぱりわからない。別に奇異な植物ではない。欧風料理の、なかんずくイタリア料理に、しきりに添えられるバジリコの和名である。

唇形《しんけい》科の草だから、仲間に紫蘇に薄荷にタイムにラヴェンダー、サルヴィアにセージ、花薄荷のオリガノまで入れると、香草一族とも言えるほど、にぎやかな顔ぶれである。まだある。芳香鼻をつくローズマリー、例の『ハムレット』にも出て来て、和名は「まんねんろう」と呼び、漢字が「迷迭香」。

目箒のいわれは、この草、一見青紫蘇にそっくりで、花も実も酷似しているが、バジリコの実は、種子の表面が、湿りを帯びるとゼラチン状にふくれる。目の中に入れるとその作用で、ごみなどを拭きとってくれるので、この名がついたというが、単に物理的な作用のみでなく、この草にはシネオールやロリナールなどの薬成分が含まれているので、漢方では「光明子」と称して眼薬に用い、ヨーロッパでは頭痛薬に配剤するという。

ともあれ、葉も花も、香気はすばらしい。この頃は、たとえばパイや菓子にまで添えるが、最もよく合うのは魚類・肉類の料理であろう。薄荷は菓子には合うが魚や肉には抵抗を感じる特殊な香りだ。他にも、ナツメッグに茴香にオールスパイスと、香辛料はあまたあるが、植えておいて、その葉や花を直接使うとなると、バジリコに限る。

私は三年この方、このバジリコとローズマリーと茴香《ういきょう》を鉢植えにして育て、露地植え・プランター栽培の山椒・みつば・青紫蘇と共に食卓の彩りにしているが、バジリコが一番利用頻度が高い。

殊に、たとえば鮭罐・オイル・サーディン、あるいはアンチョビーやシーチキン等に添える時、魚たちの味わいは相乗効果を生み、驚くほどうまくなる。その爽やかな、個性的な、しかも妙な癖のない香気は、従来、タイムやオールスパイスの領域であった魚・鳥・獣の、どの種類にも適応する。

バジリコは熱帯植物で、イタリアでも南部のものだから、六月から九月までが最盛期、五月半ばに種を播いて六月末くらいには、ひこばえを摘んで食卓に供する。七月半ばから花穂が出て、八月には実る。実はそのまま落ちて芽を吹き、十月初旬までは、循環的に発芽・開花・結実を繰返すが、霜がふると、とたんにぱたっと生育が停ってしまい、室内に入れても越冬させるのは至難。

ところが一度バジリコの味を覚えると、十一月から五月までが寂しくて仕方がない。そこで、秋彼岸頃、青々と茂っている葉や、白い花をつけた茎をしごき、どっさり集めて、これに同分量のパセリを加えてミキサーにかけ、微塵になったのを植物油で練って、壜詰にし、冷蔵保存する。イタリアではオリーブ油であえるようだが、わが家では紅花油を用いる。なまの葉のような、さっぱりした風味からは隔るが、それでもバジリコ・ソースは冬の間の食卓をにぎわわせてくれる。

このバジリコ、自家栽培の種子を繰返し用いるのも三年までで、次には新しく仕入れたのを播かないと香気が薄れ、やがては何の香気もない雑草になる。フランスに持ちこんだ青紫蘇やみつばが、三、四年たつと全く香らなくなるので、日本から種子をとりよせねばならぬのと同じ理窟であろう。

わが家の食卓には必ずバジリコの茂った一茎、二茎がコップに挿してあり、その下葉からむしって、随時用いる習慣だが、この茎の切口、一週間ばかり放っておくと、水中で細かい根を生じ、移植用の苗に変身してくれるのも面白い。秋になっても、いつまでも暑く、十月半ばに三十度というような年は、まさにバジリコ天国、この頃、最後の良い種子を採って保存しておく。また一方、優良な新しい種子が見つかった時は、まさかの時の用意に大量買い溜めておく。

バジリコの兄貴分のローズマリー、これも地中海沿岸やシチリア、ダルマチアの灌木だが、寒気にも滅法強い。わが家の鉢植えも、クリスマスの霜の下で、白い花をつけていた。その花が実ってこぼれて無数に発芽するのみならず、しだれた枝が、地面にふれてしばらくすると根づくので、怖ろしいくらい殖える。露地植えはすぐ藪になる。

香気はあまりにも強烈で、たとえば欧洲では羊の丸焼を作る時、その腹にぎっしりつめて臭み抜きにするが、わが家ではあまり活躍の余地がない。だが他に用途がある。

ローズマリーの葉・茎・花一切、刈り取って布で包み、ローズマリー枕を作る。その特殊な芳香は、睡眠中に鼻孔から脳に達し、老人性健忘症にかからないし、また治癒に卓効ありと伝える。わが家でも夏の終りには、徒長した茎と枝とを薙ぎ払って、大きな枕でも作ることにしよう。バジリコとローズマリーは、わが家のバルコンの花形である。

# 30 菊

香辛料・薬草、数々あれど、分類してみれば、菊科・唇形科・繖形科に属するのが最も多いようだ。唇形科は紫蘇に薄荷にラヴェンダーにバジリコ、ローズマリーにオレガノにセージと続くし、繖形科となると、芹に三葉にセロリにパセリ、茴香・アニス・人参と、たちまち、その辺が香に立つ感しきりである。そして菊科を眺めると、これまさに薬とスパイスの宝庫と言ってもよい。

現に、まず第一に、菊花そのものが、平安朝から宮廷で行われた「菊酒の宴」、旧暦九月九日の重陽の節会のシンボルとなる「薬草」であった。能の「菊慈童」の原典の故郷こそ、中国南陽酈県《れきけん》は菊水、その水源に生う大菊は長寿の源とされていた。三代の周の穆王《ぼくおう》に寵童あり、愛に馴れて王の枕を跨ぐという無礼を犯し、南陽の菊水に流謫《るたく》の身となるが、その地で菊の露を飲み、不老不死の身となるという物語。能は切能祝言曲、この曲では王が魏《ぎ》文帝に変っており、彼の臣下が菊慈童に逢うということになっている。

上田秋声の名作「菊花の約」は重陽の節句に必ず逢うことを約した無二の親友同士の一方が囚われの身となり、ついに敢えて命を絶って、亡魂となって逢いに行くという、これも中国出典の殉愛譚。二つとも、ほろ苦い香気が、物語の背後から漂って来る。

さて菊科植物中の薬草とスパイスといえば、これが、唇形・繖形その他と同じく、互いにほとんどは重なり合う。漢方薬素材の草木必ずしも香辛料にはならないが、香辛料に用いる草木は、百パーセント薬効がある。

私は肉・魚食の口直しにカミツレ湯をよく用いるが、ために、このカミツレ菊を植木鉢で育てている。ミニ除虫菊風の微小な草に、白い可憐な花をつける。この花を摘んで陰乾しにして保存、時に応じて熱湯を注ぐと、林檎とバナナを混じたような微香を発し、味はややほろ苦くて、口中のなまぐささを拭うように取り除いてくれる。カミツレとは、実はカミツレなのだが、渡来した当時の表記カミツレをそのまま発音しているに過ぎない。仏語はカモミーユ、イタリアではカモミッラ。

牛蒡《ごぼう》に春菊、紅花に蓬《よもぎ》、白朮《おけら》にアーティチョーク、これら野菜や染料等、いずれも菊科に属するが、中でも蓬の仲間はあまたいて、どれもこれも一癖ある。

随一は「苦艾《にがよもぎ》」でアルテミシア・アブシンティウムという学名でも知れるように、あの劇烈な酒、アプサンの原料。これは薬効というより、神経を麻痺させる一種の毒性を含んでいる。次が「壬生艾《みぶよもぎ》」のサントニン。最盛期はソ連キルギス地方特産の品種が良質として大いに羨望されたが、種苗は海外流出を厳禁し、主として結晶を輸出していた。壬生艾は南欧からの導入種、他にパキスタンのクラム艾も知られ、最盛期は北海道でも年産六トンのサントニンを作ってその中三トンを輸出するに至ったが、やがて化学肥料が人糞肥料にとって代ると、蛔虫保有者もほとんどいなくなり、たとえば「サントニン黄視症」なども昔話に類する現代である。

また、エスカルゴ料理のスパイスとして欠くべからざるエストラゴンもソ連シベリア原産の艾の一族。欧洲で栽培され始めたのは十六世紀末。学名はアルテミシア・ドゥルクンクルス。この菊科植物、花が咲かず、咲いても実らないので、繁殖は挿芽専門。

一般の菊各種も、日本料理の薬味やあしらいに活用される。食べるものではないと思われているようだが、蘘紫や紫蘇の花同様、口直しに食べるのがマナーであろう。菊のほろ苦みは、油っぽくなった口腔粘膜を引緊めてくれる。また、厚物などの葉や花を苦みを承知の上、膾《なます》や天ぷらに用いることも、一種の風流として試みられる。古くから「料理菊」と言って、関西では中菊・重弁・黄色のものを栽培して、市場でも売っている。

だが、食用菊として名のあるのは、東北地方で大々的に作っている黄の大輪「阿房宮《あぼうきゅう》」

だろう。青森県三戸《さんのへ》郡南部町相内では、江戸時代の末に、南部藩主が、京都九条家からこの阿房宮を譲りうけて栽培に励んだ。芳香と甘みに富み苦みが少く、食用には理想的であった。東北地方では当然、現在他の品種も作るが、すべて阿房宮より苦みが多い。

この食用菊の本場で、阿房宮を食べ初めたのは約一世紀昔、明治十四年という。薄片に圧縮した菊海苔を製したのが明治三十四年、以来、あの、膾にも、汁の実にも、刺身のつまにも、煮物の薬味兼彩りにも、あるいはまた漬物にも向く、好個の食用菊加工品は、日本中のおなじみになった。

菊海苔は花弁を摘み取って蒸し上げ、ひろげて陰干しにし、なま乾きの状態で形をととのえ、室内にロープを張って乾燥させる。その加工最盛期は半月ばかりで、あたかも宇治の八十八夜を思わせると聞く。

菊食ひてこころさやけき夕まぐれふと思ふロティのマダム・クリザンテーム

# 31 茘枝

茘枝という文字に「れいし」とルビを打っておいて、不特定数名の人に示す。答えを聞くと、ほぼ確実に、その人の出身地、あるいは育ったところがわかる。ただし、それは、戦前もしくは、戦後も昭和三十年代までのことであった。一つの果実の名にも、いろいろなニュアンスを伴うものだ。

中国の文物・歴史を少々かじっている人なら、ああ、それは玄宗皇帝が、晩年、愛する楊貴妃に食べさせようと、福建省から、早馬で取りよせた美果の名だと応えただろう。

かつてはマンゴーにドリアンのたぐいと同様、ただ聞くばかりの、絵物語的珍菓であった。こうもあろうか、ああもあろうかと、さまざまに思い描き、図鑑も調べた。参考書も物によりけりで、バナナやパイナップルは一目瞭然だが、茘枝と来た日には、断面図を示しても、てんで迫力がない。

輸入茘枝のはしりが料亭等のデザートに出始めたはいつごろか知らぬことながら、冷凍物が百貨店に現れたのは、昭和四十年代の半ばと記憶する。ほぼ自然解凍状態のそれは、褐紫色のゴルフ・ボール然としていた。なめし革状の薄い外皮の中から出て来たのは、枇杷の種を持つマスカット！

半透明の固いジェリー質の果肉は、かすかな脂《やに》の香と、仄甘い舌ざわりで、もっと濃厚な味を期待していた私は、少々肩すかしを食い、八世紀の唐の栄耀が、一瞬色褪せた感であった。それから頻々と、多分台湾産と思われる冷凍茘枝が店頭に並ぶようになると、もう珍しくも何ともなく、これなら、似ているがマンゴスチンの方がずっとうまいなどと、栄耀《えよう》に餅の皮をむくような、罰当りなことを言い始めたのだから、人間は勝手なものだ。生きている間に、伝説の茘枝が、味わえるかどうかなどと、殊勝なことを考えていた頃の自分が、むしろ懐しいくらいである。

茘枝は無患子《むくろじ》科の植物だから、なるほど葉も実も、むくろじに似ている。もっとも、むくろじの実は石鹼の代用にはなっても、食べられはしない。追羽根の羽子の球の黒いかちかちと音のする、あれが無患子の核。

武士のなさけである。敗れたる強敵には熟れた茘子をさくやうな残忍な死を与へよ。
勝利の眼のまへにあるものは敗北である。真身《さみ》なしにあはれと歌ふべきである。

『戴冠詩人の御一人者』

保田與重郎の、独特の名調子の一節だが、これはどう読んでも、楊貴妃の茘枝とは全く違うようだ。「熟れた茘子をさく」のは、瓜のたぐい、蔓茘枝の実である。初夏、胡瓜《きうり》を寸詰りに太くして、大小無数の突起をつけたような青い実が生り、やがて黄熟、黄が橙に変る頃、ぱくっと割れて、中には真紅の果肉をまとった種子が一杯入っている。

ルビー状の果肉はほのかに甘いが、何よりも、この形そのものが、グロテスクで華麗、いかにも熱帯風だ。もちろん東南アジアの原産で、支那大陸に入ったのが明の時代、日本に舶来したのは十六世紀末・十七世紀初頭、慶長年間の人々、この実の裂けたのを初めて見た時は、さぞかし目を見はっただろう。

まさに「残忍な」感じだ。中から鮮血がほとばしる幻想、そう言った方が迫真的か。現在でも、たとえば関西では、これを鑑賞用に植え、その異国風な鮮烈な美を喜ぶ。紅い種子は、子供たちがなぐさみに嘗める程度で、菓子代りに食べることはない。

ところが、この蔓茘枝、九州・琉球列島では、立派な野菜であり、青い間に収穫して、酢味噌・膾その他、さまざまに調理して食べる。北九州では、この蔓茘枝〈にがごり〉が夏の到来を告げると聞く。沖縄では名前が変り「ゴーヤー」。ほとんど年中食卓を賑わすようで、豆腐と共にいためた代表的な料理ゴーヤー・チャンプルは、暑気あたりにも好個の栄養食であるという。

この蔓茘枝未熟果生食地区では、黄熟紅果鑑賞の風習は全くない。逆も亦真、紅玉を愛でる他の地方では、青果生食の習慣はほとんどない。知っていても口に合わないのだ。一説には、鰹節生産地帯では、その副産物と苦瓜のアンサンブルが、特別の味覚を生み、自然にこの、生食が定着したのだという。

大和桜井生れの保田與重郎は、「熟れた茘子をさく」のを、幼年時代から見慣れて、誰にでも、一読伝わると信じていたのだ。沖縄の人々なら、知識として念頭にあっても、目撃経験することは、まずなかったろう。

ところが茘枝にはもう一種〈木茘枝〉と呼ぶ錦木《にしきぎ》科の植物がある。本州から台湾にかけて分布する。冬に真紅の小粒の実が熟するが食用にはならず、茘枝・瓜茘枝ほどは知られていない。寺院の境内に植えられることも多いが、あまり人目につかない。

紅茶に茘枝の細枝を刻みこんだ茘枝茶があり、ライチー・ティと呼ばれて、特殊な香気と味わいは絶品であるが、これまた余り知られていず、残念なことだ。

# 32 石榴

南京豆に南蛮煙管、玉蜀黍に朝鮮朝顔、天竺牡丹にオランダ苺、胡瓜に胡椒《こしょう》、印度浜木綿《はまゆう》にパナマ草と、一目その字を見ただけで舶来種とわかる植物が多い。だが、一ひねりしてあって、にわかには理解しにくく、いわれを聞いてなるほどというのもある。

石榴《ざくろ》や菠薐草《ほうれんそう》もそのたぐいだ。両方とも、前漢の外交官として、約四半世紀大活躍した張騫《ちょうけん》が、西方から持ち帰った文物の一部分である。彼が最後の旅から帰って来たのが紀元前一一四年、パルチア王国と呼ばれていた当時のペルシアの名が「菠薐」に写された。

その頃、カスピ海の南にひろがる大国に、「安石国」あり、瘤のような実の生る木を持ち帰った。名づけて「安石榴《あんせきりゅう》」、つづめて後に石榴と表記するようになり、現在に至っている。石榴の呉音は「じゃくる」、今日でも「じゃくろ」と発音する地方はあるし、旧約聖書『サムエル前書』第十四章では、韻文訳で「ギベアの極において、ミグロンにある石《じゃく》榴《ろ》の樹の下にとどまりしが、倶《とも》にある民はおよそ六百人なりき」と、殊更に「じゃくろ」を採用している。まさに旧約の世界、ペルシアすなわちイランを中心に、アフガニスタンやパキスタンの原産で、現在も野生している。

石榴の学名はプニカ・グラナトゥム。プニカは「カルタゴの」を意味し、グラナトゥムは粒状＝石榴の実そのものを指すラテン語である。カルタゴはフェニキア人の建てた古代都市だが、ずいぶん持って回った名を、リンネ博士はつけたものである。

グラナトゥムはスペイン語でグラナダ、その通り、アルハンブラ宮殿のあるグラナダ市は、名の通り「石榴市」で、従って市の紋章は石榴の実が三つ組合せてある。アルハンブラ宮殿のヘネラリーフェ庭園には、あちこちに石榴が見られ、夏に行くと花と実が葉蔭にみずみずしく揺れている。

丘の上のアルバイシン地区は、曲りくねった石の坂の両側に、凝った様式の、別荘風の住家が並んでいて、それを「カルメン」と呼ぶが、「ルナ・ベルデ＝緑の月」などという洒落た名が、表札風に貼ってあったりして、どこを狙っても秀作写真が出来上る。その石塀越しに、方々に、石榴が枝を伸ばして、あたりは物音もない。ああ、グラナダに来ていると思うのはこんな時である。

われ汝をひきてわが母の家にいたり汝より教誨をうけん。われ、かぐはしき酒石榴のあまき汁をなんぢに飲ましめん。

旧約聖書『雅歌』第八章第二節

バイブルには頻出するので、聖画には、たとえば「マニフィカートの聖母」のイエスにボッティチェッリは石榴を持たすなど、種々の場面に現れる。仏画では醍醐三宝院所蔵の「訶梨帝母《かりていも》像」、すなわち鬼子母神が、あの伝説の石榴を持っているし、その他にも多々例がある。平安朝頃舶来したらしく、当時から、初夏の鮮紅の花は、王朝人にあまり好まれなかったものと思われる。

毎年、一定時期に、果物店に、カリフォルニア産の巨大な石榴が並ぶ。完熟しても、日本種のようには割れない。原産地イランのものも裂目がない。笑み割れない石榴は絵にならないが、味は適度に甘・酸を配分していてうまい。この実、外皮を割って、中の漿果の粒をいためないように出すのは至難の技だ。第一、この実、正式には、どういう食べ方をするのだろう。お上品な食べ方があったら、是非、指導してほしいものである。

その昔、石榴の樹皮は強力な駆虫剤で、特に絛虫=さなだむし退治の妙薬とされていたようだ。樹皮・根皮にはペレティエリンを主成分とするアルカロイドがふくまれる。今日では全くかえりみられない。

果汁は、転化糖・林檎酸・枸櫞《クエン》酸を含有、その他、微かなほろ苦い香りがあり、これは樹皮にも感じられる石榴固有のものだ。その香気が、甘酸っぱさを生かし、懐しさを生むのだろう。他には代えがたいものの一つ。

私は石榴の酸味と香気が大好きだ。それにも増して、古雅な陶器のような果皮の感触と凹凸、その黄褐・橙紅に染めわけられた色彩を愛する。あまり深い裂目のできない、大きな実を、棚や書庫に飾って存分に楽しみ、ぎりぎりの時分に、割って、一粒ずつ口にふくむ。顎と舌で、あの鮮紅の液果を潰して、ほとばしる果汁を吸い、乳児の歯さながらの種を吐き出す。激酸・微酸・酸甘・微甘と四種類くらいあるようだが、いささかは酸っぱさの残っている方が、さわやかである。

グレナディン・シロップなどという、人工の紛い物を用いず、石榴の実を絞って、紅い液で、シャーベットやゼリーを作ってはどうだろう。会席料理の後口に、晩秋、竜胆《りんどう》か吾亦紅《われもこう》でも添えて出したら、料理人の心ばえもわかろうというものだ。私は、今日までただの一度も、この石榴加工菓を、料理店などで見たことがない。「石榴」という名の店は、しばしばお目にかかるが、単に名のみだ。

# 33 梔子

一樹の梔子《くちなし》とつきあい始めてから十五年たつ。家を新築したのが昭和四十五年、翌々年の春、大阪の天王寺、春の彼岸の植木市で、丈三十センチばかりのを買った。毎年九月上旬に庭師が来て、見るも無残に丸坊主に刈りこんでしまうので、一メートル五十以上には伸びられない。あわれなわが家の梔子は、幼果の兆すころになると、大透翅蛾《おおすかしば》の幼虫、あの拇指くらいの太さの、白緑の大芋虫に食い荒されるので、刈りこまれなくても、実はほとんど残ってくれない。

私が梔子を植えたそもそもの目的は、何も花を愛で、その強烈な香気を楽しむためではない。その実がほしかった。花も香も、もちろん好きなのではあるが二の次になる。まこと花と香りのみが目的なら、大八重《おおやえ》梔子を植えれば、比較にならぬほど見事だし、芋虫の害も比較的少いようだ。欧米では、あの大八重梔子は、若者が、意中の女性に、最初に献げる花ということになっている。

庭師と芋虫の魔手をのがれ得た実が、年によっては、七つ八つ残ることもある。残った実は、晩秋初冬にかけて次第に色づき、霜の朝が重なるに従って、鮮やかな朱に変ずる。六稜の実は、鋭くぴんと立った萼片の名残を残す。わが家の梔子は六稜だが、品種によると、五稜・七稜もあるようだ。

朱色が深い紅を帯び、少々乾いた頃に、ちぎり取って、ガラス器の中に貯蔵しておく。ガラスを透かして見える赤い実も、なかなか趣のあるもので、違棚などにおくと、意外なルーム・アクセサリーにもなる。

もともと「梔子」の字には「さかずき」の意と「べに」の意があり、敢えて解釈するなら、紅の、古代の盃の形の種子。罌粟《けし》の罌が甕を意味するのと、同じ伝である。

漢方には山梔子《さんしし》があり、古代から薬用で、解熱・血清の効を伝えている。私がこの実を愛するのは、この朱果が鮮黄の染料となるからだ。特に、食物の色つけには、黄色なら、梔子に限る。一にたとえば「きんとん」、二に沢庵、それから、世にパエリヤなどと誤り伝えられるバレンシア料理のパエージャや、チキン・ライスを作る時、あの高価愕然たるサフランを無理して買って来なくても、この梔子の実で十分である。

乾いた梔子の実を一個、大コップの水に漬けておくと、十分もたたない間に、ぎょっとするほど濃い黄色の液体に変る。パエージャはサフランの香が身上と思っている人は、だまされたと思って梔子を使ってみること。この実にも、また独特のゆかしい香りがある。花の強烈な匂とは別趣の、かすかな苦味を含む、軟い香りは、サフランにおさおさ劣るものではない。鮮黄色素クロシンについて言及する人でも、匂については忘れていることが多いのは残念な次第だ。

黄色染料に用いたのは飛鳥時代に発すると言われる。十世紀初頭勅撰の古今集にも、もう次のような滑稽味のある作品が登場する。

山吹の花色ごろも主やたれ問へど答へず口なしにして　素性法師

衣類の山吹色は鮮黄、どなたでしょうと尋ねたが「くちなし」で染めた衣だから、返事がなかったという、古今集時代の洒落が、現代人には一寸臭いが、当時はもてはやされたのだろう。当然、食品着色にも使われていたことと思われる。

くちなしの實煮る妹よ鏖殺《あうさつ》ののちに來む世のはつなつのため　『水銀傳説』

梔子の学名はガルデニア・ヤスミノイデス・エリスという。十八世紀スコットランドの博物学者アレグザンダー・ガーデンの名を記念し、植物学の泰斗リンネの友人ジョン・エリスの名を添え、「ジャスミンのように香り高い」ことをうたってある。何しろ発見され、分布を見たのがおそいためか、民族の趣味嗜好の違いからか、欧米で、梔子の実を、染料に使う例はほとんどないようだ。まして食品着色に、サフランをさしおいて用いるはずもあるまい。むしろ、一時試みられたのは、花から香料を採ることであったが、採って採れないことはないが、原価が莫大に高くなって採算ベースに乗らないので、結局は諦め、現在「ガーデニア」と称する香料は、すべて化学合成によるもので、大盞木《たいさんぼく》の香気を偽造した「マグノリア」と同工である。

きんとん・栗きんとん等、そのままでは鈍い黄色の料理に、梔子の実で着色すると、仄かな香気も伴い、色も冴え冴えとして、重詰など一段と見事になる。菓子などの色も、一流菓子店では、古くから梔子を使っていたようで、そのため梔子園を持っているところもあると聞く。また、沢庵の黄はほとんど、ターメリック＝鬱金《うこん》で、これも植物性染料ではあるが、徳島県の酸橘《すだち》沢庵のように、梔子で染めてある方が、遥かに風味がよい。卵料理・煎餅・あられのたぐいにも、もっと梔子は活用されてよい。さてわが庭の梔子、今年は幾つ生き残ってくれたことやら。

# 34 鰯

十八世紀末の文人、もと尾張藩の大身の武士、横井也有の随筆集『鶉衣』に、聞こえた名文「百魚譜」がある。単に魚の説明だけではなく、その特徴や真価が軽妙に論破されているのがまことにおもしろい。その中には、もちろん「鰯」も出て来る。

鰯といふものゝ味はひことにすぐれたれど、崑山のもとに玉を礫にするとか、多きがゆゑにいやしまる。たとへ骸は田畠のこやしとなるとも、頭は門を守りて天下の鬼を防ぐ。其の功鰐鯨も及ぶべからず。

崑崙山は美玉をおびただしく産するので、この地では砂利なみに扱われる。鰯もまことにうまいのだが、あまり沢山とれるので、全然かえりみられない。この事情は二世紀を経た今日でも変わってはいない。節分には、あの棘をもつ柊の枝に鰯の頭を刺して、門柱に打ちつけ、邪鬼退散のまじないにする。この風習は今もかなり遺ってはいるが、野良猫の多いわが家の界隈では、鰯をさらって行くついでに、椿の蕾を蹴ちらしたりするので、やめている家も多い。なおついでながら、柊という木は樹齢が百年にもなると、葉の棘が消えうせて、スプーン形の丸縁に変わってしまうのを御存じであろうか。柊の花は白い魚卵のような粒々で、十一月中旬頃から、ゆかしい芳香を放つ。一本は庭の隅に植えておくと。年中、鬼を防いでくれるだろう。

貝原益軒撰による『日本釈名』という本には、「いわし」は魚の中では下魚で「賤し」の意、また取ってもすぐ死に、たちまち腐るので「弱し」と言われたのが語源などと書いてある。たしかに足は早い。鯖の仲間もこのたぐいで、いわゆる生腐りといわれるが、鰯も刻々に、急激に味が落ちる。

青身の魚が急に再認識・再評価されだし、宣伝はすこぶる行き届いて来たが、さて、買いに行くと、例によって例のごとく、いつ取れたのか判らないのが冷凍パックされているだけで、焼いても揚げても、いかにも鰯臭さがつきまとう。もっとも、わが家の近くにある量販店では、年に二、三回の割で、まさに漁後三、四時間と思われる真鰯を、バケツ一杯二、三百円で大売出しすることがある。

ともかく買って、すぐ塩焼にすると、鰯臭さなど全然感じない。はらわたのほろ苦い味わいも格別である。生きの良いものこそ、油やバターで処理したのも美味である。欧洲では、魚の塩焼など、まず絶対にしてはくれないが、私の知る限りでは、ポルトガルの大西洋岸の漁港ナザレ近辺では、七輪状の火器の上に金網など敷いて、鰯の塩焼を売っていることはいる。だが、腰かけて、皿に載せてもらうまでは良いが、あっと言う間に、たっぷりとオリーヴ油をふりかけてくれるので、興冷めもここに極まる。他の魚介類の場合、たしかにギリシアにも塩焼きの習慣はあるが、焼き上ったら、この時早くこの時おそく、ざぶっと音が聞えるくらいオリーヴ油を注ぐ。日本人は皆、生唾もかわき、がっくりと肩を落とす。かといって、料理人に、単純な塩焼だけ、オリーヴ油抜きと頼んだところで、話はてんで通じないだろう。刺身を醤油抜きで食うのと、ほぼ揆を一にしているのだ。

鰯料理専門の、かなり有名な店が、あちこちにある。私は一度誘われて、鰯づくしのフルコースを食べたが、二度と行かない。多分しんからの鰯好きではないのだろう。刺身に始まって、揚物・煮物・焼物その他もろもろが、一切鰯・鰯・鰯・鰯。野菜料理・海藻料理の三、四品中に、ふっと一皿、鰯がまじっていてこそ。こうまでおしつけられて、鼻につかないというのは、鰯マニアと言うより、むしろ鰯麻痺症状ではあるまいか。

十世紀初頭、延喜の世に、鰯は乾物として朝廷に献じられていた記録があるのに、生魚として人の口に上るのは、三百年も後、新古今集成立直後の十三世紀の初めらしい。輸送の便のほとんどない時代だから当然だが、今日でも、大して変わってはいないようだ。

生鰯で失望するくらいなら、一塩生乾しの良品を手に入れるに限る。この方なら比較的容易であり、確かな百貨店の塩干物売場ならば、まず当り外れは少ない。かつまた、生鰯では味わえない独特のうまみも生まれている。ミイラさながらに、こちこちに干し上げられた丸干しは、私の口には合わない。頭と尻尾を持ってU字形が描ける程度がよい。

秋の海それより深き藍色をたたへて卓にころがる鰯

日本海岸、因州あたりでは、秋に取れた鰯を大鍋でねんごろに煮て、冬の間の保存食にする。濃口醬油をたっぷり使い、生姜を刻みこんで、丸一日かけて煮こむ。私はとても食う気になれない。佃煮鰯は薄口醬油に浸し、鰹節の粉をまぶして、からりと煮上げたものがよいが、製造工程は知らない。一度熱湯をくぐらせて、下ごしらえをするのだろう。なまぐさささの全くないのは、すなわち、取れたてを調理するからと思われる。

# 35　無花果

日本の果物は、少数の例外を除いて世界一うまい。熱帯産のマンゴー、パパイヤ、チェリモヤ、アボカード、時計草のたぐいは、もちろん望む方が無理だが、少なくとも温帯果実なら、柿・林檎・葡萄等、御本家の中国・英国・ラテン諸国よりもはるかに美味である。

無花果《いちじく》もそうだ。無花果には目のない私ゆえ、たとえば十年昔、始めてローマのさる広場の隅で、屋台車に果物をぎっしり積んだ老人が、青い、小ぶりのものを「フィーコ」と呼んで売っているのを発見、早速千リラばかり買って、ホテルで食ってみた。が、甘みは少なく、特有の味わいも淡く、がっかりした。

誰だって、あの聖書植物なる無花果には、先入感があって、一種の権威を覚え、半ばあこがれる。何しろ、聖書で、植物名が出て来るのは、無花果が最初なのだ。すなわち曰く、

是において彼等の目俱《とも》に開けて、彼等其裸体《はだか》なることを知り、乃ち無花果樹《いちじく》の葉を綴りて裳《も》を作れり　『創世記』三ノ七

原罪図のほとんどが、無花果の葉一枚で局部を覆ったりしているが、本当は「葉を綴りて裳」であるところ、記憶しておこう。

私の無花果暦は六月から始まる。西洋無花果＝ホワイトゼノアの夏果が、ひっそりと、特定の果物店にお目見えする。あのローマの屋台車で買ったフィーコとは兄弟分の、果皮がうすい黄緑。味も淡泊な品種である。言わば走りだから、その淡さも身上としておく。

これの秋果が八月中旬から出回る。果皮はやや色濃く、部分的に褐色も帯びる。この、ホワイトゼノア秋果に重なりつつ、七月中旬から桝井ドーフィンの夏果、果皮が黒紫色の品種が出荷される。果肉は薄紅で、これも甘みはさして強くない。このごろは甘味敬遠傾向の点からも、これに人気が集まってもよさそうだ。秋果が、これもホワイトゼノアにややおくれて、八月下旬から採れる。

ホワイトゼノアや桝井ドーフィンが、徐々に姿をひそめだす頃から、最も歴史の古い品種、蓬萊柿が出る。十月中心に、早いものは九月、おそいのは十一月まで食べられる。

西瓜が大嫌いで、見てもぞっとし、臭いをかぐと嘔吐を催す私は、夏三月、秋三月、何

よりも無花果を賞味する。そう言えば、各種の桃にもあまり興味がなく、白桃を食えば、おいしいとは思うが、思うだけで、戴きものを片づけるのが関の山。二十世紀梨も嫌いなもののワースト・10に入るので、避けて通るし、葡萄も巨峰のすさまじい甘さもさることながら、マスカットの気取った味もさして感動せず、冬に入ってからの洋梨、それも新潟のル・クルチエを恋しく思う程度だ。

無花果を、その昔、庭に植えたことがあった。植えて始めて知ったのは、その獰猛とも言える生命力、成長力で、伸び方の早さは多分偽アカシアと兄たりがたく弟たりがたしだろう。その根が、二、三年で庭中の土深く這い回り、すべての養分をひとり占めする。当然、他の植物は割をくらって、次第に衰弱の一路をたどる。しかもこの無花果、充分に施肥しないと、おいしい実はつけず、また秋から冬に貝殻虫がついて、その始末に困じ果てる。四年目に愛想をつかして伐り倒した。

それ以後、無花果に限らず、果物は、専門家の作ったものを、忝く賞味するに及かずと決めて、植物栽培は花に集中した。餅は餅屋のたとえ、前栽畠で作って、実の食えるのはせいぜい、ゆすら梅ににわうめ、それに枸杞《くこ》くらいだろう。もう一つ、無花果と同科の、桑科植物の桑の木も、その実、心なしか、親戚の無花果に似た懐しい味だが、実を食うために植えるものではなし、時に入手できれば昔ながらに唇を紫に染めてむさぼる。

キリストの生きをりし世を思はしめ無花果の葉に蠅が群れゐる　佐藤佐太郎

紀元三〇年四月三日の月曜日、イエスは、宿泊地ベタニヤを発ってエルサレムに向かった。そして、これから起こる一場の物語を、受難週の中の「無花果の樹の呪い」と呼ぶ。

「あくる日かれらベタニヤより出で来りし時、イエス飢ゑ給ふ。遥に葉ある無花果の樹を見て、果《み》をや得んと其のもとに到り給ひしに、葉のほかに何をも見出し給はず。是は無花果の時ならぬに因る。イエスその樹に対ひて言ひたまふ。「今より後いつまでも、人なんぢの果を食《くら》はざれ」弟子達之を聞けり」

マルコ伝福音書第十一章12～14の記述であるが、翌日の項に「彼ら朝早く路をすぎしに無花果の樹の根より枯れたるを見る」とあって、私のような異教徒は、何と身勝手な、得意の託宣で「ただちに実れ」と叫び、鈴生りにさせてやれば良いのにと思わざるを得ない。

前記の「その時ならぬに因る」もちょっとおかしい。イスラエルのような亜熱帯では、連続時に成熟して、春四月初旬でも、青い実があり、食おうと思えば食える。なおさら、短気を起さずに、他の木も物色すればよかったものをと思う。イエスは四日後の死を予感していらだっていたのではあるまいか。

# 36 茴香

九月初旬になると茴香《ういきょう》＝フェネルの実が熟しはじめ、十月には乾燥して、放っておくと散らばるくらいになる。適度なところを見はからって保存しておくと、菓子を作るにも、三杯酢の香りつけにも、至極役に立つ。

茴香とは変わった文字使いだが、もともとは回香すなわち「かいこう」、古代中国では魚類がやや古びた時、この草の葉・花・実を添えることによって、新鮮な香気を回復させるのに役立ったので、回香、植物だから回に草冠をつけた。茴《うい》は慣用音、かつてマホメット教を回々教《ふいふいきょう》と呼んだし、将棋の香車《きょうしゃ》を考え合わせると、おのずから合点が行く。

茴香をプランターでそだて出してから五年になる。実に丈夫な宿根草だし、こぼれた種が芽生えてまた根をおろすので、適当に始末しないと藪になってしまう。茴香はまず、その羽毛状にひろがる細葉、それも薄い膜でおおわれた様子は、まことに美しい。そして、この若葉も、香辛料として十分使える。

初夏になると繖形科《さんけい》植物の、最も特徴的な繖《きぬがさ》状の花が咲き出す。芹もみつばもパセリも一目で同類とわかる花形だが、茴香はむしろ女郎花《おみなえし》に似て、切花として一茎細口瓶に挿すと、意外に風情がある。

恋人の逢ふがみじかき夜となりぬ茴香の花たちばなの花　　与謝野晶子

晶子三十二歳の明治四十二年に刊行された歌集『佐保姫』に見える彼女の代表作の一つである。まさに「知夜」、夏至に向かって、日は一日一日長く、夜は急速に短くなって行く季節を、見事に象徴化している。

但し、花季は年によって大いに遅速があるようだ。たとえば昭和六十三年など、冷夏のせいか、花盛りは七月下旬から八月上旬で、実りはじめたのが九月初旬、それも古株、新株で、半月から二十日くらいの差があり、漠然と眺めていれば、初夏から初秋まで、いつも花が咲き、いつも実っているようだ。

その黄の泡粒のような花も、若葉と同様、洒落たスパイスになる。わが家では、鮭や鰊のバター焼にこの花をしごいてちりばめ、また皿の脇に一房添えたりするが、腥《なまぐさ》みをまぎらわすには、薄荷、バジリコ、オレガノあたりより、よほど爽やかな後味だ。

だが、私にとって茴香の醍醐味は、そのやや未熟な実の香気と味わいである。一粒二粒舌の上に載せて、しずかに嚙みしめると、突然まず、ほのかな甘み、三盆白のシロップをうんと薄めた程度の甘みが口腔にひろがる。この甘みは、葉や茎や花にはない。実独特のもので、思わず目を細めたくなる。

家庭用の茴香酒を漬けるなら、まだ緑色をとどめているこの半熟果がよかろう。実を多いめに摘み取って、例のティー・バッグ風の袋に包み、ホワイト・リカーに浸しておく。微かな香気、すなわち成分のアネトール特有の一寸癖のある匂いが、魚や肉で粘った舌をすがすがしくしてくれる。

もちろん菓子にも使う。既に、フランス製としか思えない砂糖菓子が、昭和五十年代の初めから売出されていた。だが、この特有の香りは、他の香料、たとえばヴァニラ、たとえば杏仁《きょうにん》などとは、ずっと愛好者が限定されるだろう。かつて、ほとんどの百貨店の菓子売場の一隅にあったこの茴香菓子が近頃は次第に影をひそめつつあるのも、日本人向きでないのが大きな原因と思われる。

リキュールにくわしい人なら、この茴香と極く近い品種のアニスを用いたアニゼットを知っているはずだ。Cusenier と書いて、英語読みの「キューゼニア」で通っているが、他にペルノー、リカール、レニエ等の名の混成酒はアニスを原料としており、大雑把に言って茴香酒である。ほとんど水割りで飲み、これを薄める時、コップの水はたちまち白濁する。日本人にはなじみにくいこの酒、欧洲では愛飲されていて、ギリシアではウーゾ、ブルガリアではマステカ、ドイツではキュンメルとなる。キュンメルは英語のキャラウェイで、うるさく言えば姫茴香、例の黒パンに入れるのがこのキャラウェイ・シードだ。

黒パン、ライ麦パンの中に入っていて、歯にほつほつとさわるあの姫茴香の香は、それなりにアクセントになって、一瞬のほろ苦さが快いが、さて、私の好きな未熟果、本熟果の甘みと香りは、馴れないと拒絶反応を起こさせるし、これが好きになれない人は、外国でアニゼットを飲まされると顔をしかめる。

香草をたっぷり入れたシャルトルーズやベネディクティーヌ、ソラやガリアーノが、極く限られた愛好者しか持っていないのも、アニゼットの場合と共通するが、茴香の匂いはもっと個性的である。

茴香は早く、平安朝に唐経由で舶来して、「くれのおも」と呼ばれていた。栽培され始めたのは江戸時代、主として薬用である。

来《こ》し時と恋ひつつをれば夕ぐれのおもかげにのみ見えわたるかな　『古今集』

# 37 落花生

落花生好きが昂じて、一度だけ前栽畑に植えたことがある。素人のいたずらの域を出ない仕事だから、土質を砂地に改良するすべも知らず、売っていた苗をそのままずらりと並べて挿しただけのこと、当然収穫は無残なもので、申訳ていどの痩せた莢が土中に、数えるほど実っただけ。その莢の中の実と来た日には鼠の糞に似た大きさで皺だらけ、味も何もあったものではなかった。

だが、この眼で、葉が茂り、金色の花が咲き、葉のつけねについたその花は、午前中に咲くだけで、午後になるとしぼんでしまうのを見た。花が落ちてやや子房がふくらんで来ると、いつの間にか、それは土の中にもぐりこむ。それも実に珍妙な眺めだったから、もぐりこむ情景をキャッチしようと見張っていたが、どうやら夜半に及ぶようで、ついぞ現場はおさえることができなかった。花が終ると、実るために地中に入ってゆく植物は他にない。そして落花生は、地中の闇と水分のお蔭で肥るらしい。どちらが欠けても結実が中途半端に終るというのも、ひどく個性的で面白い。ヴィヴァ・落花生。

あらゆるナッツに目のない私は、マカデミアからカシュウまで、十種に余る珍菓類を買いこんで賞味していた一時期がある。その頃輸入食糧をあつかっている一友人来遊、じろりと眺め回して託宣を下した。

「阿呆やなあ、君は。他のもんは別としても、落花生みたいもん、何でカリフォルニア産買わんならん？　教えといたるわ。落花生はな、日本の千葉県産が、一番旨いんや。次が中国産。一寸落ちてアメリカ、ぐっと落ちて印度。言うたら何やけど、アフリカが最低。もっとも用途がそれぞれ違うけどな。君ら、ローストしたままのが好きなんやから、国産が最適や、バターまぶしはごまかしがきく。言うとくけど、殻つきのまま炒ったのが、味は一番良えんやで」

言うにや及ぶ。殻を破って、赤褐色の皮をぴりぴり剝ぎながら食うのが、落花生の本来の滋味を味わうのにふさわしい。鮮度を保つのにもこれが良策だ。殻を除き、皮つきのまま炒ったのが次の策、食べる時面倒だと言うので、皮をむいてローストすると、日本の高湿度ではすぐ変質する。バターピーナッツは口あたりが良いだけで、健康上は感心しかねる点が多い。むずかしいものだ。

その昔、新聞紙で小さな三角袋を作り、その中に五つから七つまでの殻つき落花生を入れたのが、柴肉桂《しばにっき》や金太郎飴の隣に並べて、駄菓子屋に出ていたが、店ざらしになる公算の大きな場末では、あれが安全であった。戦争と共に影を消したのは、落花生が一番早くて、しかも、戦後復活するにも時間がかかった。落花生を作る余地があったら、まず甘藷をということだったろう。

あらゆる珍味佳肴の出揃った現代、皮つきピーナッツを、むきながら、ほつほつと食べるさまなど、およそ野暮なものだが、過食をセーヴする意味合いからも、真の味を知るためにもこれが良い。嚙みしめてみれば、まこと千葉県産の上質のものは、他のいかなる堅菓類も、到底及ばない旨さだと思う。

菠稜草・人参葉・新牛蒡・春菊・萵苣《ちしゃ》、およそ浸し物にできる野菜で、胡麻よごしの旨いものなら、ピーナッツ和えはより美味であり、少々の三杯酢を加えることによって、あの濃厚な後味もさっぱりする。この頃は手軽な粉砕器が出回っているから、擂鉢と格闘する要はさらにない。

落花生の原産地は南米である。その昔は、ブラジルと言われていたが、アルゼンチン北部でも、原種と思われるものが発見され、その他、ボリビア、ウルグアイにも分布しているようだ。それが十六世紀にアフリカのギニアに渡り、フランスへ十九世紀初頭に入る。

熱帯アジアへはポルトガル人が伝え、アメリカへは植民時代、黒人の食物として運ばれたという。中国に移ったのは初期清朝。日本に舶来したのが十八世紀初頭だが、ただ来ただけのことで、栽培の初まったのは明治七年、アメリカ渡りの種子によってである。

落花生の鮮黄の花あすは地の底にゆたけき夢はぐくまむ

永らく、落花生は南京豆と呼ばれて来た。ビーズは南京玉、中国人を一様に南京さんと称していた時代のことだが、南京豆は今でも全くすたれてはいない。早くから、糖尿病患者には、これを適度に食べるように奨められていた。粗脂肪と粗蛋白をたっぷり含み、少量で十二分の栄養が補給できるからである。

落花生油はおなじみであり、落花生豆腐は胡麻豆腐よりも旨いが、意外に市場では愛されていない。菓子原料用、搾油用に、アフリカのタンザニア等で採れた落花生が使われている。痩せた殻の、細長い顆粒の、その昔、私が植えてみた落花生そっくりで、掌にのせると、なつかしく涙ぐましい。ラテン名は、アラキス。ペルシアの一地方の名である。

# 38
# 柿

平成元年四月、桜が三分咲きの頃、大阪梅田地下街の果物店で、見事な柿を見つけた。富有に似ているが、あの微かな溝筋がなく、つるりとして、色も橙色が淡い。それにしても季節外れで、ハウス栽培とも思えない。

聞けばオーストラリア物との由、なるほど向うは今秋のさなか、柿も実って当然と、ためしに一つ買ってみた。二百グラム見当のが何と一個六百円！　帰ってうやうやしく皮をむき、妻と分け合ってためしてみた。

半ば予想せぬでもなかったが、それは淡い柿色をした、柿的な歯応えの、ぐにゃぐにゃした果肉というだけのことで、甘くも渋くも酸っぱくもなく、何の香りも持たぬ、面妖な物体に過ぎなかった。そして別に腹も立たなかった。買う者が間抜けなのだから。

こういう柿は十年くらい前さんざ食わされている。例の和歌山産の、渋柿を化学処理で渋抜きし、まだ萌黄色の時に出荷、果物売場の店頭に並ぶ頃、「上加減」になるしろものである。オーストラリア物と五十歩百歩、何の風味もない富有柿のにせものである。

徹底的に柿好きの私は、秋になると、妻と手分けして、果実店を漁り回る。だが、昔の優良品種に出会うのは限られた所のみ。京都近郊の農家へ出向いて、庭先仕入れしてくるさる八百屋は、十月中旬から約一か月、懐しい久保柿を売ってくれる。

久保柿の本場は京の深草の大亀谷あたり、戦前は樹齢百年以上の大木がざらにあった。尖端のややとがった品種で、種の多いほど甘いのが特徴、時に一、二個の種のがあるが、これは渋いことが多い。

奈良県の遠縁の家の庭に藤原御所の大木があり、これは年一回十一月初旬に、どさっと届けてくれる。果実一個三百グラム以上の大粒で原産が添上《そえかみ》郡の藤原村。

御所柿と一口に言っても、岐阜県天神産の天神御所、鳥取県八頭《やず》郡の花御所、但し、何しろ富有の産地の岐阜のことだから、交配種も多かった。遠州森町には次郎柿、大きいのは百匁柿に近いのもあり、みずみずしい。これは今日でも、地元へ、季節に行けば、道ばたでも手に入る。

神奈川県柿生《かきお》の禅寺丸、九州佐賀の伽羅、福岡県三井郡の正月、福井の甘百匁、甘柿の昔の有名種は、この他にも多かったが、戦後次々と整理され、効率が良く、一般向きのする富有以外は、伝来の木を守っている家々の半ば自家用で、八百屋の果実店や、量販店の売場に出ることは稀となった。

私は富有のなまぬるい歯応えは余り好まない。あと一歩で渋柿の渋抜き物と似て、歯切れが悪い。その渋柿、これは柿渋採集用、乾柿用、樽柿用、さわし柿用、熟柿用と、さまざまに利用される。富士山麓の四つ溝、作州身知らず、会津身知らず、讃岐の五伴柿、静岡の富士、山口の横野、千葉の衣紋、そして天下に名高いのが、広島県の賀茂郡西条柿、さわし柿にするにも渋が少なく、羊羹などにまで加工しているが、私は好まない。

同様に熟柿にして、ほとんど液化した果肉を啜りこむのも、上戸の酔いざましには別として、私は敬遠する。もっとも好悪は千差万別、西条柿のさわしたのを天下の珍味と思う人は当然いるだろうし、私が最高の柿と考える鳥取の花御所でも、蔕《へた》のあたりに空隙のあるのを嫌う人もあるはずだ。

乾柿は最近全国にわたり、種類もまことに多様になって来た。白く粉をふいて、果肉が厚く、ほとんど鰑《するめ》を思わせる固さのから、潤いがあって、マーマレードを薄皮に包んだ感じのまで、種々様々だが、福島県産の、やや軟かく、弾力と潤いを兼ね備えているのが、最もよい。生の柿、さわし柿、熟柿のいずれにもない、一種の滋味があり、加工果実の中では最高と言ってよかろう。

## 38 柿

柿は、日本が世界一であった。富有一点張りではあっても、ああいう柿を食わせる国は他にない。原産地は揚子江沿岸とされているが、これを美味な品種に改良したのは日本である。カキの名はこのままで世界に通用するようだ。ヨーロッパでも、たとえばイタリアには柿の木があり実も生るが、渋柿をそのまま店頭に並べ、人々は買って帰って、熟柿になるまで保存して食べる。柿はChachi《カキ》。

　この市に蛤貝も柿も売るカキ・ジャポネエと札を立てたり　　斎藤茂吉

大正十三年の秋、茂吉は、パリの市場で柿を見つけて珍しそうにこう歌った。イタリアと違って、フランス語はKAKIとローマ字通りで辞書にも載っており、木はKAKIERと綴り「カキエ」と発音する。

また近年、乾柿を加工した高級和菓子が全国に散在する。古い歴史をもつというものも最近の洗練度がいちじるしい。最高は北陸の松任市の最勝柿、柿の中に白小豆餡を詰めた淡い甘さが絶妙。他に岡山と奈良にも、いずれ劣らぬ乾柿菓子がある。岐阜松花堂の牧渓は、豆柿不足で中絶とか。惜しいことだ。

# 39 郁子

蔵王山山麓、山形県の山村で生まれた歌人斎藤茂吉には、木通《あけび》の歌、特にその花を詠んだ作がかなり残っている。にもかかわらず、その兄弟分の、むしろ兄貴に類する郁子《むべ》の歌が見当らない。東北の植物事情に通暁していない私は、それを永らく不審に思って来た。別に不思議はない。木通は、北海道にも自生するが、郁子の北限は関東地方で、奥羽には育たないから、茂吉の目には入らず、調べるほどの興味は湧かなかったのだろう。

一方、茂吉は、木の実でも、胡頽子《ぐみ》を筆頭に一位（あららぎ）や石榴《ざくろ》、さらには葡萄から、当時は想像上の果物だった菴没羅《あんもら》、すなわちマンゴーまで、実に貪欲に歌いながら、郁子には、とうとう出会わなかった。

幼児体験のない限り、ついに終生出会えない果実はあまりにも多い。桑の実も郁李《にわうめ》もそのたぐいで、さて説明しようにも、図鑑などではもどかしく、最善の策は、それの生っているところへ行って、実際に見る他はない。探せばあるものだ。若い人でも、次第に幻になってゆく木の実、草の実に興味を持って、調べて歩いている人はかなりいる。

さいわいなことに、大手の種苗会社でも、この二、三年前から、郁子をカタログの中に載せている。庭の片隅に植える家も、少しずつ増えて来たようだ。木通は十年くらい前からハウス栽培が始まり、有名果実店には、九月半ばからお目見えするようになった。

当然、続いて郁子も売り出されるだろうと心待ちにしていたが、一向にその気配は見えない。郁子ってなあに、風の質問に会うと、割れない木通。木通は冬に葉が落ちるが、郁子は年中、緑のつややかな葉がある。だから庭木にする。味は？　という質問には、郁子の方が上と答えることにしている。

私は木通の実の裂けた部分に違和を感じて食う気がしない。巨大な昆虫の腹部を見るようで、潰したら緑の汁が迸るのではないかと思う。透けて見える種子の粒々の縦の列が、蛾や蟷螂《かまきり》の翅の下の、ひくひくする部分に酷似している。手に取る気がしない。

それに反して郁子の実は形も良く、濃赤紫色の、家鴨《あひる》の卵大の、ずっしりした量感が親しみ深く、薄く粉を吹いている姿も野性的である。割るのがためらわれる。

割ると小豆粒大の漆黒の種子の周りを、淡緑のゼリー状の肉が包んでいる。一匙抉って口中にし、舌でほぐしながら果肉を啜りこんでゆく。その時の特有の香りが、木通に似つつ、郁子の方が、いささか濃い。

青臭いと言ってしまっては単純に過ぎる。芳香と言うとオーヴァーである。由来、野生の木の実、草の実は、この危い「匂い」を特徴とする。微かな微かな「くさみ」と紙一重の匂いが身上なのだ。棗《なつめ》の実然り、蓮の実然り、郁李然り、そして楊梅《やまもも》はその最たるものではなかろうか。その点でも、木通の方は、飼い馴らされてしまって無味無臭だ。

郁子はまた花が可憐である。美しいといえる花ではないが、艶のある、皮状の厚い葉の間に、六弁（六枚の萼片）が象牙白、花心の蕋のつけねあたりが赤紫。六弁の尖端が外に反って、総状花序はスケルツォを奏でているようだ。雌花が三分の一とか聞く。

あの郁子のゼリー、あれを一個分、丹念にこそげ取ったら、大きな盃に一杯くらいはあるだろうか。ほんの少々糖分を加えた、生《き》のままのソルベの上に、郁子のゼリーを載せたら、実にユニークなデザートになると思うのだが、一流のシェフ殿とやらも、東南アジアや中南米の珍菓にはうつつを抜かしても、国産の秀果には気がつかないらしい。

石榴のおびただしい顆粒を丹念につぶし、あのグレナディン・シロップを作る工程を考えるなら、郁子を大量栽培し、三万個、五万個と収穫し、機械でやんわり圧搾、ゼリーを絞り出して、「ムベ・ジェリー」を採集することくらい、いと易いことだろうにと思う。

もっとも、杏仁豆腐の杏仁の香りも、砂糖楓から取るはずのメープル・シロップも、あるいは、時計草の実のジュースも、ほとんど化学合成人工香料のエッセンスだというからには、郁子のデリケートな匂いも、誰かが、みんごと作り上げてくれるだろう。味気ないことだ。松茸の匂い（臭い）のぷんぷんする魅があったが、この頃売っていないのは、消費者のささやかな抵抗の成果だろうか。

茂吉は見ていないが、山形県にも郁子はある。酒田港の北西五十キロの海上に浮かぶ飛島には、関東北限のはずの郁子が自生していると、確かな報告がある。潮流の関係で、この島の気温が、関東地方平野部とほぼ等しくなるからと思われる。この目で見たいもの。

木通科の郁子も木通も、東アジアに固有の植物であるが、今一ところ、これも飛んで飛んで、南米チリにぽつりと自生地があるという。チリの、バルパライソ（天国の谷という意味がある）あたりに、木通も郁子も、まことによく似合うのではないか。

# 40 梨

毎年十二月中旬になると、新潟県の友人からどさりと洋梨が送られて来る。例の有名銘柄「ラ・フランス」ではない。一九八三年に「ル・レクチエ」と命名された品種である。二十世紀初頭、中蒲原郡茨曾根村の小池左右吉なる人が、数多試作した洋梨の新品種という。正式に命名とは言うが、〈Le lectier〉はル・ルクティエ（訛ってもル・ルクチエ）だろう。現白根市農協営農課の専門家が書いた文章には、その「ル・ルクチエ」で出て来る。「ラ・フランス」を天来の美果と信じていた私は、七、八年前に初物として試食した時に、その微妙な芳香と歯応えと舌触りに、上には上があるものだと感歎の吐息をついた。今日現在、私のかたわらには、追熟しきった十五、六個がころがっている。

到着した十二月十七日は暗い萌黄、それが次第に黄色を帯び、同時に独特の香りを漂わす。指で捺しても、固かった果肉が野球ボール様の柔軟な弾力をもつようになる。追熟八十五パーセント、まさに賞味最適期間に入った徴候である。それから過熟＝腐敗へのプロセスの早さはあきれるばかりだ。

二十年前、天来の美果「ラ・フランス」を高価に目を瞑って買って来て、皮を薄く丁寧に剝き、果肉を刺身さながらにウェッジウッドの皿に並べ、紅茶はアールグレイを添えて三時のお茶の時間に備える、そんな雰囲気が実に愉しかった。今日、「ル・ルクティエ」を舌に載せた時の爽やかな甘みは、前記、回想の中の「ラ・フランス」の優雅なお三時の愉しみを超える。その差は言いがたい。

南方の美果は枚挙にいとまがないが、私にはチェリモヤもしくは蕃茘枝《ばんれいし》を最高とする。考えてみれば、バナナなども、今日初めての見参なら、喚声を以て遇されるはずだ。馴れてしまえば美味も感動の対象から外され、稀少価値に席を譲ることとなる。

北方の美果の代表は山形の桜桃《さくらんぼ》＝西洋実桜が筆頭、次がこのル・ルクティエ（洋梨）であろうか。洋梨はもともと夏季に雨の少い地中海沿岸からアジア西部に栽培され、英国は栽培不適地であった。低温多湿の英国で、しかし、ル・ルクティエ以前に有名な「バートレット」が生れた。とろけるようなまろやかな味は、暫くして「ラ・フランス」が優にそれを超えた。この品種は十九世紀半ば過ぎにフランスで発見された。舶来は今世紀初頭である。そして「バートレット」と「フォルテュネ」の交配種が八二年に生れ、これこそル・

ルクティエの出発であった。

英国の気候に最も近いのは越後、ゆえにこの品種が新潟県で根をおろした。「ル・ルクティエ」は寒気に強く、但し風には弱い。樹勢は元来強いが、強いと花芽・着果はいちじるしく多くなるが、逆にその味は渋みが多くなり、風味も落ちる。対抗策は思い切った摘果以外にない。当然価格は高くなる。しかも生産地においても、諸条件の重なりで、大量生産は不可能、従って現在は高嶺の美果に近い。更に、追熟中に腐るものが多く、取扱業者の持て余すところとなる。この悪条件が、いつまで経っても稀少価値高価果実の範疇から抜けられない。市中の果実店でも、売っているところは多くない。

言わば、梨という果実はデザート用の、単なるお添物である。林檎・蜜柑・柿のようなヴィタミン源としての健康食品の中には入れない。糖分と水分、いささかのミネラルは、一億総健康食時代では、珍味の一種として眺められているだけで注視は浴びず、無くても暮らしてゆけるものの一つに過ぎない。勿論、桃もその一つであり、無くても済む。

かつて果実店、あるいは八百屋には、さまざまの「梨」が並び、次々と季節を追って品種が交替した。戦前派になつかしい、お八つとしての果物が店先にあふれていた。

だが、私は、ヴィタミンはほとんど含まずとも、季節感という霊感と詩感を味わわせてくれる伝統的な日本の梨がなつかしい。そして、今もなお、日本の梨の各品種は、巷の店頭に晩夏からお目見得していてくれる。私の少年時代のスターは「長十郎」、一時期はこの品種が風靡したと言ってよかろう。赤銅色の地肌、その甘み、食卓に載るのは必ずこれだった。但し肉質が固く、幼児は歯と腹をこわし易かった。それと反対のやわらかい肉質と甘みを備えたのが薄い黄緑の、洒落た二十世紀で、十九世紀末に千葉県松戸で創出された。「青梨」と称されていた。

次が「豊水」に「幸水」、甘くやわらかくという一般的な好みをクリアした品種だ。そして次が「八雲」「新水」「新世紀」「新興」等々、これら皆似たり寄ったりの、平凡で安全な味であった。そして秋が終る頃「晩三吉《おくさんきち》」が登場した。そして稀にしか手に入らなかったが、土佐の産物、赤ん坊の頭ほどもある巨大梨の「新高」のあの甘みは、いつも念頭にあるのだが、このところ四、五年手に入らない。あれが屋根に落ちると瓦が割れるとか。

# ❖冬

# 41 沢庵

沢庵に見切りをつけて久しい。日本のどこかには、私の理想とする沢庵があることを確信しつつ、それを追い求めるのにも疲れた。飛びっ切りうまい沢庵を作る方法も知ってはいるが、所詮は机上の空論、実践するとなると、私にはとてもそのような暇も才覚も持ち合さない。そして、今私が住んでいる所を中心に、半径十キロの円周内にある漬物店、漬物売場には、私の舌と歯が承知する沢庵はまずない。あったらお目にかかりたい。

まず、大根の良否は一応お預けとして、歯切れの良いのは酸味が多過ぎる。干す手間を省いて、塩漬けにし、重石で水気を除くと、必ずこうなる。落葉樹に、晴天のみを選んで丹念に干すのが良策だが、干し過ぎると歯切れが悪い。鬱金《うこん》で真黄色に染めたのは下の下であり、すべからく梔子《くちなし》を用いるべきだが、これがまた少い。糠の中に陳皮《ちんぴ》、蕃椒《とうがらし》その他さまざまの香辛料を、ごく少量ずつ混入しなければならないが、これも望む方が無理。

その理想に近似した沢庵に、五年に二度、三年に一度の割でめぐりあうことがある。欣喜雀躍、再度再々度の入手をもくろんで苦心するが、ほとんどその場限りで、続いても二度か三度。百貨店等の売場で、某々産地直売と銘打って、試食販売しているのにでくわすと、私も妻も期待に胸をとどろかせて手を出すが、九割九分までは期待外れ。

四、五年前、四国吉野川流域の藍住《あいずみ》という所で作られる「酸橘《すだち》沢庵」を某百貨店で手に入れ、樽で買ってしばらくは賞味した。糠に酸橘をたっぷり刻みこみ、色は梔子を使っていた。だが、もう一日か二日、干す日数を短くしたらと思う程度に歯切れが悪く、また酸橘以外の香辛料を省いたために、滋味ともいうべき深みに欠け、これも半歳ばかりのつきあいに終った。点数なら八十五点。

何でも「おふくろの味」と言って他を信じない傾向が、特に男共には多いが、私の母は年々、沢庵と奈良漬を苦心惨澹して作り、必ずしも成功はしなかった。特に後者は、市販のものには及ばないようだった。

沢庵は、保存食という意味で塩を多くし、多くしすぎていささか酸味に欠けた。ただ、漬けて二年目の樽の、上から三、四段目になると、絶妙とも言える味わいのものがあることはあった。母は柿の木にしか大根を干さなかったが、常緑樹は禁物ということを知っていたのではなく、単に干しにくかったのだ。

こころざし低きある日の笹枕旅ゆけば天に干せる大根《おほね》よ

伊勢沢庵にも、地元の人が、自家用に漬けているのには、稀に、私の理想に近いのがある。ところが漬ける人が、十中八九相当な老齢で、その人の逝去と共に、沢庵も通り一遍のものに還る。そして、ただただ量産一途の「商品」が市場にあふれ、ほとんどの人は、それが沢庵と信じて疑わない。

時として、相当名のある割烹店の香の物の皿、もしくは松花堂弁当の一隅に、ぞっとするようなターメリック染黄の、糠味噌漬と紛れるばかりの酸っぱい沢庵が添えられていることも珍しくない。この家の主人や女将《おかみ》は、頻々と晴の場所へ出て、美味三昧の苦心談など、得意顔で弁じ立てていらっしゃる例も多いが、一体、わが店の漬物を、板前がどう心得ているか、点検したことがあるのだろうかと、気の毒になってくる。かつまた、このような店は、決って茶がまずい。

名のある鰻店の、筒入の粉山椒が、黴臭く、湿《し》けているのにも愛想が尽きるが、こんなことを言っていると、今に、行く所が無くなるだろう。そう言えば、パリでも、マドリードでも、ローマでも、大レストランの珈琲は必ずまずいというのが常識で、うまい珈琲が飲みたければ、街角や小路の隅の「バール」に行った方が確実であることを、私も身を以て感じたことがあるから、沢庵の方も、むしろ、十人入ると満員の、おふくろの味店等に神髄がひそんでいるのかも知れない。

勿論、沢庵の根本は、当然のことに大根であって、これを吟味しなければ、百論も空説に終るだろう。かつて専門家は、沢庵用には練馬大根の晩生《おくて》、宮重の白首大根・方領大根を推した。首の太い品種は、冬の鈍い日射しの下では、乾きにくいから避けるのが常識。常緑樹の枝になど懸けないのも当然である。

また、根部さえ立派なら文句はあるまいと考えるのも邪道で、葉の部分も見事に、みずみずしく育っているものでなければ、及第とは言えない。沢庵の醍醐味は葉の漬かり具合も併せてのことであろう。

享和元年（一八〇一）刊、田宮仲宣著になる『橘庵漫筆《きつあんまんぴつ》』によると、沢庵漬は、必ずしも、東海寺の宗彭《そうほう》沢庵和尚の発明ではなく、彼の墓石が異様で、大根の香の物に似ていたからであると説いている。だが、もう沢庵は固有名詞から普通名詞に転じてしまって、和尚が幕府の威光に屈しなかった逸話など、知る人も稀になった。

# 42 蒟蒻

蒟蒻《こんにゃく》は菎蒻とも書く。ひどく鬱陶しげな字だが、これは食物よりも植物としての蒟蒻のイメージにぴったりだろう。この草の、特に花はぞっとするような奇怪なものだ。

海芋・水芭蕉・里芋の親戚と言えば、広い葉や純白の清楚な花を連想するが、一方、この草は、蝮草や浦島草の兄弟分でもある。まず、あの海芋＝カラーを黒紫色に染めて、二メートルくらいの身長に引き伸ばし、花の中心から出ている肉穂が、身長の半分の一メートルという姿を思い浮べる。お化け、そう、まさに妖怪変化としか言いようのない花をつけるのだ。気味が悪くて活花にもならない。

しみじみと肉眼もちて見るものは蒟蒻ぐさのくきの太たち　斎藤茂吉

こんにやくの茎の青斑《あおふ》の太茎をすぽりと抜きて声もたてなく　同

旅を来てかすかに心の澄むものは一樹のかげの蒟蒻ぐさのたま　同

大正三年夏、茂吉は輝子夫人と、神奈川県の三浦三崎に遊んでこの歌を歌集『あらたま』に残している。晩春に花が咲くので、この時は見られなかっただろう。当時は、東北から九州の到るところに、蒟蒻が植えられていて、名産地も十指にあまるくらいあったようだ。大阪でさえ、今はマンションの立並ぶ平野、かつては住吉郡平野の荘が「平野蒟蒻」の名で有名だった。

浄瑠璃「重井筒」、紺屋の入婿徳兵衛が、色茶屋の抱え女郎お徳を口説く文句にもある。「柄杓《ひしゃく》・緋緞子《ひどんす》・蟇《ひきがえる》・平野蒟蒻《ひらのこんにゃく》・菱紬《ひしつむぎ》・平野八重香《ひらのやえきょう》・肥後芋茎《ひごずいき》」云々と続くが、そうすると、この「ひ」の字尽くしの中の産物も宝永元年（一七〇四）頃には、天下に知られていたことになる。ちなみに『忠臣蔵』の元禄十四年は一七〇一年。

現在、蒟蒻の産地は福島県・茨城県の山間部、九州・四国・中国の各所に散在する。春に植えた球茎を冬季に掘りおこし、暖い所に貯蔵して、次の春もう一度植えつける。これを三回ばかり繰返して肥らせた後収穫する。球茎は薄切りにして乾燥粉砕、精選してマンナン粒だけを集め、水に溶いて石灰を加えて固め、熱湯処理して仕上げる。もっとも、この頃は、東南アジアから、蒟蒻粉として輸入して作った製品も多い。

原産地はインドシナ、支那を経て舶来したがいつの頃かはよく知られていない。寛永年間（一六二四〜四四）の著『毛吹草』には、既に、周防の国の名産として挙げられているから、渡来は更にさかのぼるだろう。

蒟蒻粉が太平洋戦争中、風船爆弾と呼ばれる新兵器！製造用の糊に用いられていたのを知っている人もいるだろうが、それから半世紀近くもたった今日では、多糖性炭水化合物マンナンが、シェイプアップを目的とするダイエットに最適で、その上腸癌予防にも有効と言われ、時ならぬ脚光を浴びているが、そんなこととかかわりなく、お惣菜としての蒟蒻は、庶民の食卓には欠かせない、懐しい味である。毎日食べねばならぬほどの魅力はないが、週に一度、十日に二度、田楽・煮しめ・刺身・酢味噌和え・その他野菜や肉との炊き合せにしたものが現れないと、何となくもの忘れしたようで淋しい。芥子《からし》や山椒を上手に用いるのが料理の秘訣。ハンバーガーにカレー・ライス、フライド・チキンにラーメン、生野菜のサラダにサンドイッチで明け暮れている世代も、早死にしたくなかったら、精々蒟蒻を食うことだ。

蒟蒻は大好きだが、あの、歯応えのない、ゼリー状のは願い下げだと言う人も多い。その昔は、生芋を切って茹で、竹篦《たけべら》で皮をむき、臼で搗いて作ったから、ぷりぷりと弾力があった。そういうのが食べたかったら、産地へ出向いて、農家自家用のを分けてもらう以外に方法はあるまい。精進料理専門の有名店などへ行くと、この昔風蒟蒻にめぐりあうこともないではないが、何でもやわらか好みの世では、これも、若い世代にはうけないとか。

蒟蒻のさしみもすこし梅の花　　芭蕉
蒟蒻にけふは売りかつ若菜かな　　同

宝永元年九月十日、芭蕉の弟子向井去来は五十三歳で他界した。「蒟蒻のさしみ」は、彼の忌日の斎膳に備えた時の、追悼の句である。薄く切って、茹でて、酢味噌を添える料理は、全国にあるが、この場合は芭蕉の生地、伊賀の郷土料理でもあった。

蒟蒻は古来、その味、俳諧に通じ、禅味もあるとされていた。豆腐と並んで、まことに淡白で尽きぬ味わいだが、「梅の花」とは、問題なく蒟蒻の方がよく映り合う。

今一句「若菜」の方は、市中の八百屋などで、今日は正月の初子《はつね》の日、若菜摘みの祝儀にちなんで、七種を主とする若菜の方が、いつもはよく売れる蒟蒻よりも、出足が良いということ。市井の眺めを活写している。

芭蕉は殊に蒟蒻を好んだ由、弟子森川許六《きょりく》も各務支考《かがみしこう》も、その文章の中で、それぞれに証言している。

# 43 蕪菁

ほろにがさと言えば、蕪菁《かぶら》のふくむほのかな苦みこそ、根菜の中の白眉だろう。天王寺かぶら・聖護院《しょうごいん》かぶら・近江かぶらが近畿のかぶらの代表だが、東京には葛飾区の金町かぶ、みちのくには新潟県の寄居かぶ、これらが大小長短さまざまの、白かぶらの代表で、漬けてよし、煮てよしの名品であった。

あったとは、昔懐しの文句のすえ、今日このごろ、どれが欲しいと言ったところで、気に入った品種がおいそれと手に入るわけではなく、量販店頭の野菜売場で、おあてがいぶちの、綺麗に洗い上げたのを買う他はない。慰みにプランターで作っても、結局虫害に愛想をつかしたり、寸詰りの、いやに苦みの多いのができて溜息をついたり、なかなか思うようにはゆかないものだ。

昔々その昔、かぶらの御先祖は地中海沿岸から西アジアあたりに生えていたらしい。ラテン語学名をブラッシカ・ラパというが、このブラッシカの方は元来キャベツのことで、ラパの方がかぶらを意味する。中国経由で日本に舶来して、七世紀末の持統朝では、もう野菜として栽培している。「蕪菁」は漢名、日本名は御承知春の七種《ななくさ》の「すずな＝菘」。日本へ入って来たらもう得たり賢しで、ありとあらゆる変種・改良種が生れるのは、他の植物も同断。かぶらも、もう既に遠い昔、出雲産紅色の津田かぶ、伊予の緋かぶ、近江の日野菜、その他各国に、自慢の紅かぶらが点在する。漬物専門の、京都大原の酸茎菜《すぐきな》ももちろんかぶらの仲間だし、菜と茎だけを用いる信州の野沢菜も一族である。

今日では、あの早春淡紫の可憐な十字花をひらく「諸葛菜」と呼ばれる植物、実はあれはいつの間にかひろまった誤称で、まこと三国時代の蜀漢の丞相諸葛孔明が、救荒作物用に栽培をすすめたのは、この蕪菁の方だ。彼は戦陣を進める度に、次々とこのかぶらの作づけをしたので、そう呼ばれたというのが真相らしい。さもありなんと思われる。

かぶらは根も葉もみな食べられ、家庭料理から料亭料理まで千差万別、たとえば後者の代表が「かぶら蒸し」。皮をむいて卸金で磨りおろし、軽く汁をしぼる。おろしかぶらの一割の卵白と塩少々を加えて攪拌。それに茹でた百合根、淡味に煮た銀杏、焼穴子、車海老の塩茹でをそろえ、茶碗蒸しにする。蒸し上ったものに淡味に練り上げた葛をかけ、みつばか春菊を添え、わさびを一つまみのせると出来上りという大層なものだ。ちなみに、車海老は、茶碗の蓋を取るとすぐ目に入るように、一番上にのせる。ほとんど手工芸品のようなかぶら料理の一つである。

私は煮物なら、薄揚げと一緒に、鰹節と昆布のだしで、淡味に適度に煮上げたのが最も好きである。葉も茎も共に煮る。ほんの少し芥子《からし》を添えると味が引立つが、多すぎると、かぶら独特のほろ苦さが死ぬ。柚子の皮を、皿に取ってから一そぎか二そぎ添えるのも、好き好きであろう。根菜類、特にこのかぶら大根のたぐいは、前夜の残りの冷えたのを、翌朝というわけにはゆかない。煮上った時が花、一旦冷えると三文の値打もない。

聖護院かぶらは近江かぶらの改良種、これは千枚漬で聞えている。米麴・酢・塩・味醂・昆布等を巧みに配合して漬けこめば、その塩梅によって、各家々の独特のものができ上るだろうが、他の漬物同様、手間ひまをかける人はほとんどなく、その辺の漬物売場の量産品を買って、あまりにも通り一遍の雑な味に顔をしかめている。

糠味噌漬も、漬かり加減によって絶品に近い味わいが生れる。根もさることながら、この場合は葉と茎の香りも楽しい。千枚漬、浅漬、糠味噌漬、いずれも紅と白のかぶらに添えて、一片の真紅の鷹の爪があると、目にも鮮やか、食欲も一段とそそられる。また、昆布をあしらうのは、かぶらの細胞膜から、膠質のペクチンがにじみ出て、昆布の粘液と微妙な融合を果たすからだ。

蕪村の「蕪」にちなんで、この俳句の天才を、難波天王寺の生れとする説が、かつて行われたことがある。つづまるところ、例の、「春風馬堤曲」の現地、現代の大阪市都島区毛馬町の説に傾くようだが、天王寺かぶらの名において、天王寺説を称える人が、いまだにあるのも無理はない。だが「蕪」には、たとえば、蕪雑・荒蕪の熟語に見るように、荒れる・乱れるの意も別に持っている。否定的な形容詞を雅号に用いるのは、古来から日本人の命名美学にあるから、かぶらに執着するのはおかしいのではあるまいか。「かぶら」を意識していたという証拠はない。

金沢には、殊に名高いかぶら鮨がある。麹や鮭を使って風趣も栄養も満点に近いものではあるが、誰でもに向くとは限らない。また「かぶら蒸し」の本来の作り方は、かぶら自体の中をえぐって、椀代りにし、中に鶏肉・木耳《きくらげ》・銀杏・芝海老等を詰め、卵で固めたもの、この方がいささかは野趣がある。

# 44 鱈

スペイン西北部ガリシア地方の聖地、使徒ペテロの墓のあるサンティアゴ・デ・コンポステラに旅したのは昭和六十年八月初旬、リスボンから北へ北へ、コインブラを経て、大西洋岸沿いに延々と上って行くのだが、その日その日の昼食・晩餐に、出て来るのが名物の鱈・鱈・鱈。鱈は食べたらすぐわかる。雪白の肉の、さらりとした舌ざわり、花びらのようにほぐれるその歯ざわりが、日本で食べている限り、まさに冬の珍味の最たるものであろう。だが、スペインやポルトガルのは、そう御都合よくはまいらない。

五つ星のレスタウランテに一週間前から予約して、出版社などの御用でお越しになる例の料理研究家殿に出される鱈は知らぬこと、われわれ一介の無名の旅人が、その辺の食堂であてがわれる鱈と来た日には、たとえ目の前に大西洋の潮が岩を嚙んでいて、毎日漁獲のあるところでも、少なくとも「死後」二、三日はたったとしか思えない、ぱさぱさのを、妙なソースをぬたぬた塗りつけて供される仕儀と相成り、テーブルについた途端胸が一杯になって、デザートの氷菓が一番うまかったという結果を嘆くことになる公算大。

人口十万の聖地サンティアゴ・デ・コンポステラには、巨大、と言えるくらいの魚介・青果市場がある。そして魚市場では、あの大きな口の、下顎の突き出した、鋭い歯のぎざぎざを誇る、大きな腹をかかえた鱈にお目にかかることになる。そしてその前の札には、〈MERLUZA〉ああメルルーサ！

メルルーサと聞くと、今更のようにげっとなる。昭和三十年代だったろうか、輸入魚が続々とお目見えして、スーパーマーケットの鮮魚売場にのさばっていたのが、この輸入魚メルルーサ。鱈なら鱈と言ってくれれば良いものを、真鱈とも助宗鱈とも違う品種だからと、生物学者もどきの見解から、スペイン語をそのまま流用したのだそうだが、あのまずさ加減、一度買ったら懲り懲りという人が多かったはずだ。料理研究家の面々が、こうすればメルルーサがうまく食える風の秘伝公開をなすっていたが、これまた香辛料や乳製品をこれでもかと言うほど用いた代物で、お添物に使う野菜の方が遥かにうまそうな料理、何が悲しくてあんな下魚を輸入してまで食わねばならぬのかと腹が立った。

私は幼時、少年時代を通じて、陸封県に生まれたため、生鱈を食ったことが一度もない。鱈は必ず棒鱈、それが当然で、幼心に、この魚はなまでは食べないものとばかり思っていたものだ。鮭は必ず塩鮭で、それも塩の結晶の十二ひとえをまとった、一切れで一週間かかるたぐいのもの。これもなまの鮭を食うなど想像もできず、なぜ棒鮭がないのだろうとおろかなことを考えた。

京は丸山公園、平野屋の芋棒は、さざなみの近江の片田舎にも聞えていたが、各家の主婦は、ふん、あんな料理屋の気取った芋棒など、お惣菜になるものか、わが家の芋棒こそ天下一と、ひそかに秘法を案出していた。水に漬けて戻すにも、流水に浸しておくに限るとか、米のとぎ汁が最高とか、ぬるま湯を利用するとか、それぞれの流儀があり、味つけにも酒よ味醂よ伊予三盆白よと、隠し味に智恵をしぼっていたようだ。それにまず第一、この棒鱈の煮物は、必ず正月料理と決っており、他の場所や時節には、全く試みられない風習があった。芋棒は相手の芋の吟味も重大であり、煮上ったものに柚子の一切を添えるのも忘れてはなるまいが、あれよりこれより煮え立てのを、吹き吹き味わってこその料理であった。織部や志野の鉢・皿に、仰々しく盛付けられて、冷え加減のを料亭で食うものではない。サーロイン・ステーキを下宿の三畳で食うのと、場違いという点では大差あるまい。おいしいと思った時に、存分にお代りを食べることだ。

一夜経て、寒の朝、鍋の煮こごりを一すくい舌にのせるはかない味も、邪道ながら懐しい。このゼラチン質あってこその棒鱈の棒状が可能であることに気がついたのは、十代も半ばであった。よほど頭が悪かったのだ。

その頃、肝油と称するものを虚弱児童に服用させることが大流行、ヴィタミンAを多量に含んでいる点では、鱈の肝臓が最高とか喧伝された。ところがそのなまぐささ一方ならず、無理矢理嚥まされる「蒲柳質《ほりゅうのしつ》」の子の災難は筆舌に尽せるものではなかった。

長じて、それも戦後、よほど経ってから、鮮度の高いなま鱈のちり鍋などが、いかに美味であるかを身に沁みて知り、また粕漬なども、その獲れたてで試みれば、他の魚、たとえば鯛や鰆《さわら》にもまさることは肝に銘じた。

ただ、幼時の味覚の記憶は終生変らぬらしく、同じ陸封県大和で育った妻の作る、絶妙な芋棒の味は何ものにも代えがたく、わが家では、初冬から晩春まで、思い立った時、頻々と試みて舌鼓を打つ。もっとも、雪の日が心なしか最もうまいようではある。

# 45 葱

霜がおりるころになると、時折、妻が、近くの八百屋から大量に買って来た葱を、新聞紙に分割包装、段ボール箱に詰めて、東京の調布市に住む姪のところへ発送することがある。ばかばかしい二キロまで八百円と言ったところで、随分高い葱になると笑ってはいるが、青い部分が七分、白根三分の葱など、東京にはないのだそうである。

千住葱とか深谷葱とか、代表的な関東産のいわゆる根深葱は、緑の部分はばっさり切り落して、もっぱら白い部分を食い、九条葱を代表とする関西の菜葱は、緑の部分を主に賞味する。栽培法も、前者は土寄せして、葉鞘部を軟く白く太く長いのをそだてる。関西以西のは、緑鮮やかに、やや細みの、これも軟いのをよしとする。東の葱は夏に弱く、冬に強い。西のものは耐暑性があり、真夏でも出回っている。だが、スーパーマーケットなどでは、このごろ、寒くなると深谷産の根深葱が、頭をちょん切られて、束になって並んでおり、新人類は、むしろこちらを好むらしいが、逆に、東京では、緑たっぷりの九条葱系は、入手困難らしい。あっても、上方出身の者だけしか買わないようだ。

わが家の行きつけの八百屋は、京都府下の農家へ、庭先仕入に行ったものを主として扱うので、牛蒡・茄子・トマト・葱の類、伝統の京野菜と、果物では柿がとびっきりおいしい。その代り、セロリにキャベツにブロッコリーとなると、量販店には及ばない。

もちろん、九条葱とはいうが、何も、今日でも、京の東九条村の名産であったころと同じく、そこで作られているわけではない。京都南区の西九条・東九条は、びっしりと家が建ち並んで、葱畠などほとんど見当らない。今日では、その品種を、更に南の村落で生産している。加茂茄子・聖護院蕪その他、いずれも似たような「名物」ではあるが、品質は決して落ちず、昔ながらの京野菜は、決して消えてもいず、味は健在と言えるだろう。

葱の和名は「葱《き》」である。古書には「紀」と書かれている。根を食うから根葱《ねぎ》、分けて食うので分葱《わけぎ》、葱独特の臭気が浅いので浅葱《あさつき》と呼び、韮《ひる》は臭いが強いので、浅（朝）に対して「ひるつき」と呼び、こんどは下の方が消されて上だけ名が残った。

行者蒜《ぎょうじゃにんにく》のことを、その形の印象から疎々葱《あららぎ》と呼び、その花の姿が塔に似ているので、塔（あららぎ）の称がうまれた。ともあれ、これらに玉葱や辣薤《らっきょう》を加えたのが、「葷酒《くんしゅ》山門に入るを許さず」の葷の大方である。葷とは生薑《しょうが》等、強烈な香気を持つものの総称。

関西人の緑葉葱愛好には、それなりの根拠があることはある。白根の含むのは、ヴィタミンBとCだが、緑葉の部分にはこれに加えてCが含まれ、言わばおいしい健康色の一つだ。捨てるなど、とんでもないことだし、この部分を軟く、美味にそだて上げることこそが、工夫と言うものだろう。

冬に入ると、前記の姪が、ああ、緑の葱をたっぷり使って、鋤焼がしてみたいと歎くので、宅送料もものかは、妻が送りつけてやる次第である。その頃になると、習志野《ならしの》在住の息子の家から、千葉県産の、すばらしい里芋と甘藷を送って来る。これまた、大阪の、地元では、理想的なものが見つからない。

易水にねぶか流るる寒さ哉　蕪村
葱白く洗ひ上げたる寒さ哉　芭蕉
葱洗ふや野川の町に入るところ　子規
日輪の寂と渡れる根深かな　茅舎
葱汁やわがこころにも背く日々　夕爾

葱は多くは根深の呼名で俳諧冬の季題、ことわって「夏葱に雞裂くや山の宿・子規」のように吟じる例は、わりあい少なく、ほとんどが、葱の「花」の方を、夏に採用する。

葱は鮮度が命、買う時は鬚根も泥もついたままのを選ぶことなどと、御親切に教えている書もあるが、今時一体どこの量販店の野菜売場に、八百屋の店頭に、そんなものが売っているると思っているのか。わが家がひいきの八百屋さえ、ちゃんと洗ったのを置いている理由は、産地がそういう風に処理するのに馴れたからだ。それほど鮮度が命なら、自家栽培するに及《し》くはない。プランターに植えておけば、汁の実や薬味くらいの間には合う。ちなみに肥料は灰。葱は「灰」と言って通っても伸びると言うくらい、加里肥料を好む。「葱」という文字には、草木が青々と茂っている様子を指す形容詞の役もある。葱青・鬱葱・葱翠などの熟語は、野菜の葱とは関係がない。それに、これは葱の名誉の一つだが、天子の輿《こし》の屋根についている飾りが、似ているので「葱花輦《そうかれん》」と呼ばれる。

葱属のラテン名はAlium、アリウムが英語訓みでアリアムとなり、これはフローリストでよく見る中央アジア原産の園芸品種切花の通称だ。店によって「リーク」という、茎のくねくねのを扱い、これはleek＝韮《にら》の意であるが、アリアムの変種の一つだ。

## 46 豆腐

今日、まことの豆腐のあり方、すなわち、資格・条件等々を語ることは、死んだ子の年を数え、その愛らしさを述べ立てる繰言のたぐいに似ている。下限は昭和十年代の半ばころまで、田舎町の外れの藁葺屋根の豆腐屋の老夫婦が、一日五、六十丁作っていた、あの何の変哲もない代物が、今日では、それに言及することさえ、ロマンティシズムの極致に近い陰翳を帯びかねない。

いわゆるこの道の識者に、豆腐の原料たる大豆は輸入物など下の下である、本物の苦汁《にがり》を使わぬ限り豆腐の味は偽物だなどと、一々お説教してもらわずとも、十三階のテラスでおしめを干しているラーメン好きの女房でも先刻承知のはずである。今日び、それは無いものねだりに過ぎない。そういう「識者」に限って、自分一人だけは、千軒に一軒の割くらいで存在する、「うるさい」豆腐屋に、然るべきコネクションがあって、自由に、容易に、理想的な豆腐の入手できる「特権階級」である例がほとんどだろう。

いくら、そういう本物志向の仁に嘲笑されようと、一般の平凡な市民達は、スーパーマーケットの棚に、それでも十種類ばかりは並べてある商品を、運を天に任せて買う以外は方法がない。昔々の、真正純粋の豆腐の味の、あの崇高微妙な味わいを、いまだに覚えている老齢組は、夕食の刻、また一しきり、懐旧談に溜息をつき、戦後生まれの五十男はまたか、こうるさいと顔をしかめる。

私も亦、そのかみの豆腐とおからと、油揚げと飛竜頭《ひりようず》の味を知ってはいる。いるのだがさて、大阪の東の外れから、電車賃千円以上使って、往復三時間以上かけて、京都の嵯峨の某屋まで、行列しての豆腐買いに赴くわけにはゆかぬ。着いたら午前十時で、先刻売り切れましたと、にべもない挨拶を聞き、地団駄踏む仕儀になるやも知れぬ。

身辺のあちこちから、何々百貨店の地下食品売場のは、その老舗から、日に百丁ばかり届けているらしいとか、最寄の何々町の、何丁目の角に、良心的（!）な店があるとか、種々御注進を受けることがあるが、一々ためしてみるほどの暇と根気がない。

すべての食品、程度の差こそあれ、似たような傾向はつきまとう様子だが、中でも蕎麦と豆腐は、市販の九十九・九パーセントが贋物だと指摘されている。だが、残りの一パーセントの「名作」を手に入れようとすると、時には、施物でも渡すかの、横柄な店主殿の態度に業を煮やし、突慳貪《つっけんどん》な小娘店員の客あしらいに義憤を覚え、客の方からへつらうような醜い眺めに慄然として、買わずに踵を返す例もあろう。豆腐や蕎麦、こうなったら贋物でも二流でも構ったことはない。

わが町にも、二キロばかりのところに、三軒の豆腐屋がある。関西の豆腐屋と銭湯は、どういうわけか石川県出身者が多い。早朝、夏冬無しに、三時過ぎには操業開始、夏はともかく、真冬は相当苛酷な労働だろう。頭がさがる。そしてこれらの店の商品は、近辺の主婦達から、一味違うという信仰の対象になり、相当な売上げは示しているようだ。

私は早朝散歩の習慣があり、三軒中の二軒は、あたかも、おからを、店の外の笊に取り出したところへ通りかかるのを常とする。そして思う。水は何を使っているのか、三軒ともに勿論水道の水だ。わが家では、三十年来美濃の麦飯石《ばくはんせき》などを使って浄化して、始めて飲用に供している、悪名高い大阪の水道の水であり、漂白剤の臭気が、時によると嘔吐を誘発する。そんな水を使っていたら、たとえ大豆を北海道から仕入れ、苦汁を播州赤穂から取寄せたところで、五十歩百歩の紛い物の豆腐ではあるまいか。しかも、この三軒の中の二軒まで、店主はしょっちゅう、くわえタバコで仕事をしている。純生の何のと言うのなら、これだけで落第だし、たとえまぐれ当り的にうまくとも、私は、買う気はない。

豆腐は今やアメリカでも、健康食として、なかなかの人気と聞く。ニューヨークで、既に、バランタイン著の『豆腐の本』が、一九七五年に出版されているし、これは四年後に再版された。同時に「その二」まで、発売されていると聞く。無名のものも併せたら、製造の手引書は十指に余るだろう。そして、あの国の精進された大豆と、ソルトレイク産のにがりで、珍し物好きの人々が豆腐を作ったら、鮨同様、豆腐は、カリフォルニアに限るということになる日も遠くはあるまい。

『豆腐百珍』には、木の芽田楽に始まり、あられ豆腐に雷豆腐、墨染豆腐に梨豆腐、あるいは撫子豆腐に玲瓏豆腐と、想像もつかないような代物が掲げられているが、私の友人の豆腐狂によると、冷奴と湯豆腐、その他の名は無くもがな、そして、究極の純粋豆腐など、とうの昔に諦めて、行き当りばったりのおあてがいぶち、手に入り次第、どんなのでもありがたく食っているという。酒の肴にも豆腐を越えるものはないと推奨する。

# 47 大根

ゆふされば大根の葉にふる時雨いたく寂しく降りにけるかも　　斎藤茂吉

第二歌集『あらたま』所収、大正三年作者三十二歳の作である。秩父へ旅した時の歌で多分、山峡の斜面の野菜畑であろう。初冬の野も山も枯色の目立つ頃、雨に洗われた大根葉の緑は、人の心を蘇らせるくらい生き生きとしていたはずだ。八十年前の田園、あと一か月ばかりで正月、二、三日すれば、大根は全部引き抜かれ、沢庵漬けの準備にとりかかる。時雨の音は、冬籠りに入る前の、田園交響楽のプレリュードの感がある。

名作として、アララギの写生のという前に私はすこぶる食欲をそそられる。大根葉は当今、ヴィタミンの宝庫の何のと再確認されているが、昔から種々工夫の上、食膳に供したものだ。殺虫剤など用いず、虫がいたら一匹一匹、手で取って殺していたあの古き佳き時代の大根はもうこの世にはない。
夏大根の、舌がしびれるほど辛い、そしてすがすがしい味は、暑気あたりの家族の、頭の中まで刷新してくれたものだが、その辛い夏大根も、このごろいやに甘くなった。

夏大根に家中《いへぢゅう》の口しびれつつ今日終る　國歌うたはず久し　『日本人靈歌』

昭和四十年代あたりまでは、宮重大根を始めとして練馬大根・方領大根・大蔵大根・亀戸大根・二年子大根・三浦大根・高倉大根・桜島大根と、京阪神、中京・東都の八百屋の店先に、何種類かが勢揃えしていた。
生で刻んで、卸して、煮て、漬けて、それぞれに、冬を中心として年がら年中、無くてはかなわぬ、最も大切な野菜であった。晩秋初冬、横丁を、露地を入ると、大根を煮る一種独特の、香と臭の中間の「におい」が漂って来た。ものなつかしく、家庭的で、柔和で、一寸下世話で、かすかにしみったれたあの匂いは、まさに「おふくろの味」の核心であり お惣菜の代表でもあった。いささか趣向を変え、わが家でも週に一度は、昆布・豚肉とのたきあわせを賞味する。

死にたれば人来て大根煮《た》きはじむ

これは大阪の俳人、下村槐太《かいた》の昭和二十二年三十七歳の作。葬式は「隣組」か講中がとりしきる長屋か農村の軒続き。平素は質素な女房達が、喪家の台所を占領して、砂糖も醤油も使い放題、振舞酒に千鳥足の亭主達もいる。その日その時の「大根」の悲しさ。

ところがこのおそろしく日本的な野菜、実は古代エジプトの、ファラオ諸王の墓室の絵に現われている。すなわち女王招宴のシーンで、酒杯を挙げる先王の未亡人の横に野菜や果物が積み上げられ、一番上には先細の、まさしく大根が乗っている。祝宴の場所は首都テーベ、しかもこの頃、大根は食料であると同時に自然薬として、まさに「食餌療法」の一環に組みこまれていた。戦前、日本の民間でも、大根卸しとジアスターゼの関係は、ほぼ常識化されていたが、そもそもの起源は、エジプト王朝、それ以来ということになる。

大根の名は、もともと日本書紀にも、仁徳帝の代の挿話に見られる「おおね＝大根」であった。訓読が音読に変っただけのことで、俳句では今日でも「大根引き＝おおねびき」などの季語として生きている。

学名はギリシア語源でラファノス・スティウス。英国に入ってラディッシュ、イタリアではラディーチェ、フランスでラディ、ラテン語ならラーディーケムである。

中国名は蘿蔔（ルオポ）。漢語として日本に入って来たのは蘿蔔（らふく）、人参のことは胡蘿蔔と書かれていた。「ラフク」とギリシア語のラファノスが同根であることは言う必要もないほど似ている。

エジプトに次いでローマ時代も重く用いられ、アポロの神殿の供物としても、あの大根は神聖な野菜として用いられた。そしてその頃、蕪は鉛に、ビートは銀に、大根は黄金に比べられるほど、一種の聖別を受けていた。だが現代、一体ヨーロッパのどこで、大根がそれほど活躍しているだろう。たしかに、食卓の野菜サラダには二十日大根が申訳程度に添えられて、名残は止めている。あの紅色の赤蕪とでも呼びたい二十日大根は、殊に夏、旅人の目を引く。一九九〇年、私はフランスのオーヴェルニュ地方を周遊したが、毎日、朝市、もしくは八百屋の店頭でこれを買い、水洗いして塩を添え、貪り食って体調をととのえた。欧洲でも日本でも、年中播種収穫がくりかえせるので、結果的に一番たやすく入手でき、最も利用度は高くなる。

日本独自の加工品、沢庵となると、また全く別の次元の話になり、これだけで一巻の書物ができるだろう。私はこの十年、理想的な沢庵にめぐりあえず、諦めてしまった。

だが、切干大根は大好物で、これまた年中食卓にのぼせている。意外に良い品質の加工品が、百貨店の「ふるさとコーナー」等で入手できる。十二月九日、十日は京都鳴滝《なるたき》の了徳寺の大根焚《だいこだ》き、一度行ってみようか。

# 48 仏手柑

仏手柑《ぶしゅかん》という果物、眺めていると次第に気味が悪くなってくる。仏様の手とはまた、実に見事なたとえではあるが、あれは贅指のある、人ならざるものの掌と言った方が近い。このごろはほとんど見ることもなくなった。昔から、年末近くなると、茶花を扱っているフローリストか、一寸うるさい店主のいる果物店、あるいは八百屋が、注文で取寄せたおこぼれが見られる程度の、稀少価値フルーツではあった。柑橘類の香気の好きな人は是非一度は自分の掌上において、その香気を試みてほしい。温州蜜柑・伊予柑・日向夏蜜柑・橘・朱欒《ザボン》・盤白柚《ばんぺいゆう》・オレンジ・ネーヴル・金柑・ライム等々。これらの中で、私の好みに合うのはライムだが、仏手柑はなお微妙で優雅な、そのくせ柑橘系!にしかない香りをもつ。日本の某化粧品会社も一時「柑橘系」を看板にしていたが、あれは徹頭徹尾オレンジ系で、しかもその花の匂い。私が香料メーカーなら、仏手柑の実の匂いをふくむ香水が作りたい。

ともあれ未知の人は、今年の晩秋、初冬、どこかで見つけて、確認してほしい。なるほどとうなずいてもらえるはず。なお、仏手柑は果皮のみで、果肉は無い。

中国でも南部の高温多湿地が原産だから、日本でも紀州南部の一部で、注文栽培を行っているようである。日本には江戸時代以前に舶来、十七世紀末に出た『農業全書』にも記載があるが、金柑や九年母ほどにも普及しなかったらしい。現代でも、一生知らないままで終る人が多いだろう。

柑橘系の植物の属名はすべて、臭橙《かぼす》も酸橘《すだち》もキトゥルス *Citrus* である。そしてこの系を代表する植物が、学問上は仏手柑になっている。仏手柑 *Citrus medica*、キトゥルス・メディカしか残っていない。一般に蜜柑やオレンジが有名で、これが代表視されているが、それは嗜好品産業界の通念としてであって、植物学とは関係がない。

日本では前述のとおり、ほとんど限られた人々の観賞用だが、原産地では当然菓子として珍重する。砂糖で煮詰め、酒に漬けて仏手柑酒を作る。インド・ヒマラヤ山系がそもそもの故郷だが、そうなると、いよいよ仏手柑の名はふさわしい。次いで中国は栽培も盛んで、精油も作られている。品種には球形の丸仏手柑と、手の形の手仏手柑あり、後者は元来は「変種」に過ぎない。

学名のキトゥルスはラテン語で、英語ならシトロンである。フランス語も同様だ。うるさく言えば「シトゥロン」であろうが。欧洲旅行でフランスへ行った人は、必ず一度は経験しているはずだが、「レモンティ」を注文しても、殊にパリのキャフェやバールでは、いくら「レモン」と言っても、十中六七は知らぬ振りをする。「シトゥロン」と言い直すとはじめて、レモンのスライスを持って来てくれる。檸檬＝レモンはフランス語の辞書にはLimon＝リモンとして出てくる。だから、知らないのは無知だ。いくらシトゥロン＝レモンとして通用していても、である。

たとえば逆にフランス人が日本に来て、茶房等で「テ・アヴェック・シトゥロン」と言えば、まず絶対通じないだろうが。肝腎なのは、フランス人が固執しているシトゥロン＝キトゥルスは、植物学上は絶滅に近い稀少種族で、オレンジやレモンの方が大手を振って歩いている。英国では仏手柑のことを、その名の通り〈Budda's hand citron〉という。

仏手柑栽培農家を探し出して、一度是非、紀州の海を見ながら、葉交《はがい》にぶら下る仏陀の手を拝み、その香気を思う存分嗅いでみたいものだ。長寿につながる呪《まじな》いになるかも知れない。片手に十本の仏手柑！

数年前、大人の手くらいの見事な仏手柑一個を得た。さる茶の宗匠に勧められて、家で十分乾燥させてから、専門家に金箔を貼ってもらった。正直、金箔まみれになっただけだが、三分の一に縮んだ仏の手は、なおどこかに香りを止めて、茶事用の香盒《こうごう》にすると面白い味わいがある。口切りの、ささやかな茶会に使って、心ある一、二の友人に褒められたこともある。花は西王母《せいおうぼ》がさかりだった。生《なま》の、本来の仏手柑は大体、初釜の床置に珍重される。微かな微かな香りは、茶席の邪魔にはならない。亭主の人柄を反映する。

ちなみに、日常、年中欠くべからざる柑橘の一つ、レモンも原産はヒマラヤ山系で、インドには、レモンとシトロン系の自然交配種が多い。十二世紀の半ば、アラビア人によって、北アフリカ経由でスペインに、次にシチリアへ渡った。地中海沿岸地方では、四季開花・結実を繰返している。少くとも年三回は収穫が可能である。ライムの原産地もインド北東部、欧洲への道はレモンと同じ。

中国系と思われている文旦も故郷はインド東北部、これは安土桃山時代に日本へ舶来。ただ一つ、橘だけは日本の野生に始まった。奄美大島から北上、静岡あたりを北限としている。紫宸殿の右近の橘、聖なる樹である。

# 49 牡蠣

一九八三年七月七日木曜日、アグリジェントから二時間がかりでパレルモに着いた。そしてその夜、シロッコが吹いて、歌さながらの赤い月（ルーナ・ロッサ）を見た。その月光の下を、散歩もかねてヴィア・フランチェスコ街すなわち海岸通りに出てみた。ところ狭しと屋台が立ちならび、世界一のジェラートは申すに及ばず、アンチョビ入りのトマト・ソースであえたスパゲッティや、マルサラ酒のグラスが客を誘い、むっとするような活気に満ちていた。明らかにアルジェリアかモロッコの血を引いた赤銅色の荒くれ男が目立つが、必ずしも殺伐な雰囲気ではなく、妙に人懐っこい好漢も混って、かなり強引に通行人を招き入れた。シチリア独特の風土色であり、今もその光景を時々思い返す。

毛むくじゃらの太い腕がぐっと私を捕らえて、目の前に剝身の生牡蠣《なまがき》を差し出した。うむを言わさず、レモンを搾ってふりかけ、鼻先へ。太い声で「オストリーカ、オストリーカ」、まさしく牡蠣は牡蠣、だがこの真夏七月に牡蠣を？　と、思わず及び腰になる。躊躇していると同行の画家K氏が手をのばして、私が戴きましょうと引き受けてくれた。

湖国に生まれて、川魚にはかなり詳しいのだが、海のものについてはてんで不案内。牡蠣は絶対「R」で、五月から八月は食ったら中毒すると思っていた。こういう思いこみは他にもある。ヨーロッパでは、章魚《たこ》はデヴィル・フィッシュと称し、絶対食べないと信じてもいた。ところが八〇年五月三日、マルセイユの埠頭のにぎにぎしい魚市場で、その悪魔の魚プルプの首を摑んで、さあいかがと言う女房を見かけ、わが目を疑ったものだ。

聞けばギリシアでも、生の章魚を岩に打ちつけ打ちつけ、くたくたにして、ぶつ切りにして、これまたレモン汁とオリーヴ油で食うとか。聖書レビ記の禁忌など、カトリック教国でも平気で破っているらしい。

OYSTER, n.〔牡蠣〕文明の進歩のお蔭で、人間があつかましくも、はらわたを取らずに食べられるようになった、ぬるぬるしてずるずるした貝！　殻のほうは時に貧乏人に与えられることがある。

『悪魔の辞典』アンブローズ・ビアス著、
奥田俊介・倉本護・猪狩博共訳、角川文庫

何も牡蠣に限ったことはない。前記、旧約レビ記及び申命記には、「水中にあって鱗なきもの」は食用を禁じている。海胆《うに》・海鼠《なまこ》・海老・蟹・烏賊《いか》等がそれである。陸にあって鱗のあるもの、蛇・蜥蜴《とかげ》のたぐいも勿論、エホバの禁じたまうところである。

どこの国のエホバ様かが、この海老・蟹・章魚・烏賊・貝類はコレステロールを含んでいるゆえ、有害、食うな！　と禁令が巷間を駈け巡ったが、数年経って、あれは錯誤で、人体に有用のコレステロールだ、解禁だと、とんだお笑い草の一幕もあった。

ともあれ、これらのどれ一つにしろ、最初に食った人は、よほど鈍感か、勇気があったか、徹底した悪食《あくじき》か、逆に、否それゆえに超グルメだったろうと思う。十一、二世紀の流行歌「梁塵秘抄」には左の例あり。

擇食魚《つはりな》に牡蠣もがな、唯一つ牡蠣も牡蠣、長門の入海の其の浦なるや、岩の稜《そば》に着きたる牡蠣こそや、読む文書く手も八十種好紫磨金色《しゆがうしまこんじき》足らうたる、男子《をのこご》は産め。

二句神歌　百十八首の内

妊娠した女の悪阻《つわり》に好適の栄養源として、かつまた、立派な男児を生むために、牡蠣を勧めている珍しい歌である。伊勢の、備前児島の、長門の、あるいはまた安芸の、日本には処々方々に牡蠣の名産地が古代からあり、盛んに食べられていたと思われる。

霜が降りそめる頃になると必ず、伊勢の志摩半島、石鏡《いしか》に近い浦村から、友人の手配してくれた牡蠣がどさりと届く。夫婦二人には食べ切れない量だから、近所にも裾分けをする。鮮度が高いので生で食べるのが一番ではあるが、それは妻の領分、私はその新鮮無比の牡蠣フライが大好きであり、次に鍋物にする。料理法は人それぞれの好みあり、おしつけは禁物だろう。えてして生牡蠣党は、生で食べない者を白眼視する傾向あり。

さる高名な作曲家が永らくのパリ暮しから帰って書かれた随筆に、パリで二、三年暮して、牡蠣の季節になると、早く日本へ帰って第一番に、「新鮮な牡蠣のフライが食べたい！」と思われる由。なぜなら、フランス人は殊にパリっ子は、新しい牡蠣をフライにするなんて！　と眉をひそめる。新しければ絶対生で食べろ、フライは古くなってからだと主張して譲らない由。由来、フランス人は、日本人が魚類の料理に鮮度を云々するのは、すなわち技術が低い証拠で、フランスには古さなど問題にしなくてもよいだけの、素晴しい味のソースを創り出す技術があると言う。違うのだ。古い牡蠣のフライと新鮮な牡蠣のフライは全然味わいが違うのだ。彼らのは詭弁である。むしろ鈍感なのではあるまいか。

# 50 味噌

日頃座右から離さない『大字源』には、味醂があるのに味噌はない。中国出典の辞例もない。『大辞典』に採られている出典は、たとえば「斎宮寮式」「和名抄《わみょうしょう》」「名義抄《みょうぎしょう》」等すべて日本の古典例ばかりである。ならば、「醬」の国訓に「しおびしお」があり、また「醬油」にはその製法までくわしく載せているのだから、これに準じて、「米、または麦、味噌麴、食塩等を材料として、麴菌、酵母、バクテリア等の微生物の醱酵作用にて醸成せるもの」式の説明を付すべきだろう。

国際会議でジュネーブに集った多国籍の学者方の、休憩時間の雑談中に、アメリカ人が「ああ早く帰って、ロスでハンバーガーが食べたい」、イタリア人「ヴォンゴーレをたっぷり、ポモ・ドーロのソースをうんと使ったスパゲッティが……」と国籍別の味覚披露の中、日本人はほとんど「白い御飯に味噌汁！」と叫ぶようだ。私事だが毎年の晩夏に試みる欧洲旅行に、かさばるのは承知の上で、まず私が固型味噌汁のパックを、妻は粥のそれを、スーツケースの底に並べる。旅行先で、ああ持って来てよかったと思うことが必ずある。日常に、続いて使い得る逸品も生れている。

精進料理の材料にも、まず筆頭に豆腐、次に挙げられるのが必ず味噌と決っている。禅家の口伝でも、この調味料が唐渡りか、あるいは和様の発明かははっきりしていない。

唐時代に舶来したとも、朝鮮からの渡来だとも諸説あって決め手はないらしい。ならば渡来前の、本国における用字例もわかりそうなものだが、「醬」を母胎として工夫を加え、発達していったらしい程度で終っている。

かつて豆腐・味噌・梅干が、僧侶長命食のベスト3と語り伝えられていた。無論この三者の向うには多種多様な野菜が浮び上がり、それこそ、「長命」も約束されるのだが、それにしてもベスト3の塩分たるや、そら怖ろしい。それでも昭和四十五年刊のさる書のデータによると、竜山寺・山本玄峰老師九十五歳、妙心寺管長古川大航老師八十九歳、大徳寺管長後藤瑞巌老師八十四歳、円覚寺派前管長古川堯道老師八十九歳、ほとんどの名刹の名僧が九十歳前後で健在であり、塩分過剰摂取の弊害は見られない。

多分、これらの主原料大豆の蛋白質、アミノ酸の功にもよろうが、常に頭を空にする禅寺の「真空の境界」が、あらゆる短命要素を除去追放した結果でもあろうか。

味噌の良否を判別するには、十以上の条件があるようだ。汁に仕上げた時、水分と味噌が分離するのは、蛋白質が十分熟していない、すなわち、若くてよく馴れていない証拠。一寸舐めてみて舌にざらついたり、鍋の底に不溶解分が沈むもの、これは脱脂大豆で作ったため等、言うは易く実行は難に類することが多い。醸成にじかにたずさわっていないと、机上の空論に類することが多い。

私の故郷の昭和一桁から二桁の初めの時代は、各家庭で味噌・沢庵・梅干・奈良漬は必ず、原料の確保から、製品の保存まで、主婦が司り、その味わいに、それぞれのプライドを懸けていた。私は、母はその道の天才だと信じていた。だが今日は、沢庵に関すること以外、必ずしもマザコンじみた傾向はなく、自身の好みに従い、それは、それぞれ「より甘口」になっている。また梅干は、さるメーカーの製品目録中にある、杏仁の香の高いものを選んでいる。ところが味噌となると、しょっちゅう変っていて、すべて妻に一任。偏らず逸脱せず、より良いのがあれば即刻それに変える。目下は赤だしと「赤味噌」と称される雑多な各種。だが、私は「白味噌」が大好きであり、一年中これでも構わないが、妻と好みが相反するので、やや遠慮がちだ。

種類は数え切れぬほどあり、種々の売場へ行って、漆塗の容器に盛上げて、杓子を添えている光景を見ると全部一すくいずつ買いたい気になる。赤味噌・白味噌・相白《あいじろ》味噌・豆味噌、これらはほとんど汁物に用い、他に嘗味噌としての「金山寺」が代表的で、これらを醸造嘗味噌と称して、他の混成嘗味噌とわかっている。古くから伝わる常盤《ときわ》味噌は、赤味噌を磨《す》りに磨って味醂を加え、生乾きの柚子・椎茸・山葵《わさび》・煎胡桃《いりくるみ》を細かく刻んで、これを混ぜ合わせて煮上げる。

季節のものでは木通《あけび》味噌。木通の果肉（種子の回りのゼリー状のもの）を抉り出したあとの空洞によく磨った赤味噌を詰め、皮の口が開かぬように糸針金でくくり、外側に胡麻油をたっぷり塗って金網にのせ、遠火でゆっくりと焼く。全体に木通の香気がゆきわたって、茶人の好むもの。

最も有名な鉄火味噌は深鍋を熱して適度の胡麻油を注ぎ、大豆を茶碗一杯入れてよく煎り、牛蒡を繊切りにしたもの、麻の実《おみ》を煎ったもの等を加えて更に炒め、酒・出汁・砂糖と共に赤味噌をたっぷり入れて三十分、焦がさぬように掻き混ぜ、仕上げに生姜を刻んで入れる。嘗味噌の中でも最も愛好者の多いものとして聞えている。

# 雑

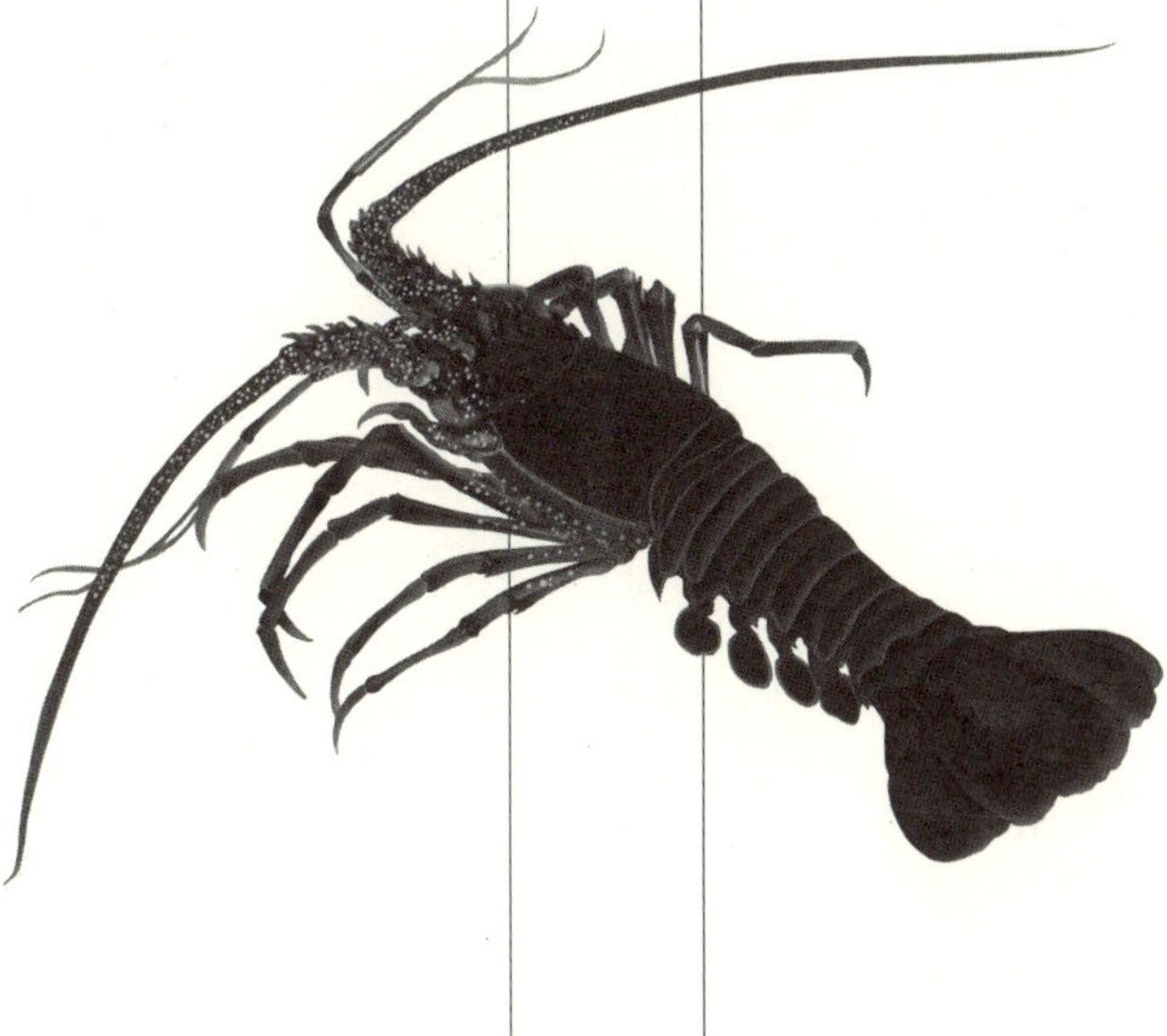

# 51 麩

滅多にないことだが、年に一回か三年に二回、軽い急性胃炎などをおこすと、四十年来のわがホームドクター殿は、おごそかなおももちで、「お粥を二、三日食べなさい。おかずは白身の魚と麩《ふ》」とのたまう。胃を休めておいて、適度に栄養を摂る場合、麩が一番好ましいらしい。一種の暗示にかかって、私は麩を見ると、健康食、われらの頼もしい味方と思いこみ、別に今必要というわけでもないのに、食料品売場を通る時、つい、綺麗なのが目につくと買ってみたくなる。

もっとも右の麩は、吸物・鍋物等に用いる焼麩のたぐいで、安物は鯉や金魚の餌にする金魚麩から、牡丹の花の形の牡丹麩や紅葉をかたどった楓麩まで、種々様々、保存がきくから昔から精進料理、特に仏事には不欠欠のもので、何も病人食が本義ではない。

乾物の四天王は麩が筆頭で、次が湯葉、続いて高野豆腐に椎茸となっており、これのいずれが欠けても、仏事・法要の膳は成り立たない。そして今日では、麩のグルテン＝蛋白質を始めとして、皆低カロリーの、理想的な健康食で、意外な人気をかち得つつある。

何しろ京都には、その名も麩屋町があり、品種のヴァラエティと味にかけては絶大な誇りを持っている。ところが、麩もまた、他の麵類と同じで、全国に、われこそはの名産が目白押しだ。まず京都の名だたる京麩。昔々は西洞院東四条通河棚で造るものが最高と言われていた。このごろでも、酒や豆腐同様、水の善悪に左右されると、井戸水を使う店もあるようで、全国的に名を売っている。

西北にたどって加賀麩あり、金沢へ行くと目もあやな焼麩・生麩が売られており、簾麩はここの特産になっている。但し歴史はさして古くはなく、慶応元年（一八六五）からと聞く。それも津島の職人がもたらしたものと言われ、一世紀ばかりの間に、独特の麩文化を作り上げたらしい。

加賀麩のルーツと言われる津島麩は寛政年間というから、十八世紀末、尾張藩の自慢の一つとなっていた。どんな麩でも同様だが、ここの麩は特に小麦粉の二倍余の蛋白質を含む小麦の皮から造り、近頃は癌治癒にまで効果があると宣伝している。

北陸も新潟県の三条は車麩。奥州路に入ると鶴岡に庄内麩、太平洋岸に回って、秋田県南部と岩手県北部に産するのが南部板麩、南下して仙台では油麩、但しこれは孟蘭盆《うらぼん》前後に季節が限られる。中国・台湾・韓国に見るグルテンの油揚げで、実はこれが麩の最初の調理法と考える説もあるようだ。

東京には江戸麩の称ある製品が売られているが、ほとんど京麩を取入れたもので、特に「江戸」と言うほどの特色はない。京都以西では、まず産地と呼ぶべきものはない。たとえば土佐麩という名はあるが、これは調理法の一種で、高知県で麩が製造されているわけではなく、同様に、鳴門麩も材料等の特徴による名で、徳島県に麩の産地はない。

保存の点では比べものにならないが、味の点から言えば、まず生麩だろう。普通生麩と言われるのは、小麦のグルテンに糯米粉《もちごめ》を加えて作られる。あの粘り気と舌ざわりと、いかにも麦から生れたと感じられる匂い。理想的なやわらかさは、歯ぐきで嚙みきれる程度で、チューインガムめいたのは最低だ。

その頃合の軟度は、一に出来立てでこそ味わえるが、隣りに麩屋があるか、作り上げたばかりのを特急便で届けてもらうかしなければまずむつかしく、冷蔵しても硬くなるばかり、この点、生麩が一般家庭では、さほどもてはやされない理由にもなろうか。

生麩にも種々あって、粟の粉を加えた粟麩に、蓬《よもぎ》を搗《つ》きこんだ蓬麩、色素で紅・緑・黄に着色した生麩を練りこみ、断面の彩を賞する紅葉麩、黒胡麻入りの胡麻麩、それに加えて、簾で巻いてそのあとを残した、加賀独特の簾麩。季節季節の趣向をこらして、種々の形を作り上げる細工麩、中でも手鞠麩は最も手がかかっていて、料亭あたりの注文製造。

私の好むのは麩饅頭、その昔から麩嘉の品物の、作りたてを最高とするが、行って店頭で食うわけにもゆかず、むしろ百貨店などの出店のを、さまざまに工夫して食べる方が楽しい。菓子類の餡は必ず粒餡と信じてゆずらない私でも、麩饅頭に限っては漉餡がよい。

笹の匂いがかすかに移った生麩の舌ざわりと、小豆の香りと、適度の甘みの相乗効果は至妙である。幾つかの和菓子店、料理店でもこの頃これを商品として出しているが、豆腐や麩の本職にはかなわないようだ。会席料理の、松花堂弁当などにも拇指の先くらいのを一つ添えている例あり、これもなかなかの味わいで、私は嫌いではない。

英語では麩のことをグルーテン・ブレッドと言うようだ。小麦粉を麩質と小麦澱粉に分離できるようになったのは十九世紀に入ってからで、グルーテンという言葉も、意味に移り変わりがあったと聞く。

# 52 チェリモヤ

野球ボール大のが一個四千五百円もしようとは夢にも思わなかった。七年前、はじめてチェリモヤを買った時の溜息まじりの感想である。時は六月、梅雨寒《つゆざむ》と言うのか、雨脚が肌にやや冷たい日であった。

その年三月、とある日、私は敬愛する一知人を訪れたところ、「この前、お耳に入れた果物ね、そら、割烹の千花苑でデザートに出て評判になったの。チェリー何とかいう、凄くうまいやつですよ。あれが手に入りましたからほんの一つだけど差上げます。ものは験し、一度食ってみて下さい」と前置きして、無造作に紙袋に三個入れて、差出した。

ずしっと持重りのする代物、帰って、やおら取出してみると、くすんだ灰緑色の、果物というよりは、外敵を前にして丸まった大蟻食い、例の穿山甲《せんざんこう》としか言いようのない物体であった。大きな鱗を剝がした痕のような紋様の連なりと、紡錘形の、のんびりした様子は、仏頭のミニアチュールめいていた。紫色に変色しかけたら、時を移さず食べること、早すぎると硬くて味は全くなく、腐ったら臭いだけで何の取柄もないと聞いた。

その知人は並びないグルメで、私の良い言葉敵、珍らしくてうまい物、特に果実類が手に入ると、逸早く私にデモンストレーションを試みる。初物だった、寿命がのびたと、真実の感想を述べると、呵々大笑して満足そうである。その伝で、その昔、パパイヤもマンゴスティンも、あまつさえドリアンまで、次々と届けてもらった。外にも楊梅《やまもも》が手に入らないと歎けば、どこからか見つけてくれた。

当方もお返しの意味のみではなく、郁子《むべ》とか菱の実・蓮の実・桑の実等、先方の入手しにくいものは、到来次第献上するならいである。忝い配慮ではあったが、前記中、音に聞くドリアンだけは、その鰐のミニアチュール風珍形を楽しむのみで、果肉の方は、ほとんど食欲を感じなかった。とは言え、輸入商品は他国人向きに、原種より、よほど臭気の控えめな品種がえらばれているらしいが、それでも、糖味噌紛いの臭いには参った。

もらって三日も経つと、仏頭果はやや黒ずみ、弾力のある果皮が、いささかやわらかくなって来た。ままよ、未熟だったら、あとの二つに懸けようと刃を入れてみた。

純白の果肉は緻密で、フロマージュに似ていた。一切片を舌に載せた時、知人が言った通り、パイナップルとバナナをまぜたような香気が鼻孔を擽《くすぐ》った。後を引かない甘みが味蕾をおおってたちまち消えた。

妻と一切れ一切れ味わって一個はたちまちなくなり、腐っては大変と、翌日残り二つを食後に食べた。この微妙な芳香、まさに価千金と思った。そして翌月、その味が忘れられず、某果実店に出向き、売場に麗々しく飾ってある件の仏頭果を見つけ、「四千五百円」を確認したのだ。いくら何でも高過ぎる。

「よく、この値で売れますね。私も大好きだけど、一寸手が出ない」

「いやぁ、全然売れないんです。一応置いてますよ、という意味の商品でね。お客さん、いかがです。二個買って下さったら、七千円にしときますけど。駄目かなあ」

店の長男は二十七歳の好漢、この正直な歎声にほだされて、お人好しの私は買った次第であるが、味は上乗、もう二、三日店《たな》ざらしにしたら腐り始めるところだった。

一個二千五百円のを、その翌年、新宿の高野で買ったが、やや小粒で、味もやや落ちるようだった。戴き物も、年を追うてふえて来る傾向、忘れた頃に味わう次第である。だがもう、あの第一回の感動はない。

あの香気、花の香で、ただ一つ酷似したのがある。わが家でも、丈四十センチばかりのを一株植えている「唐種《からだね》おがたま」の、黒紫色の、小指の第一関節までくらいの小花の香がそれだ。まさに、バナナにパイナップルを加えた香気である。この花、四月の中旬に開き、私を楽しませてくれる。そして条件反射的にチェリモヤが食べたくなる。チェリモヤは蕃茘枝《ばんれいし》科の、高さ五メートルにもなる喬木だ。案の定、仏頭果とか釈迦頭とか呼ばれることもある植物群の中の一種で、ハワイと東南アジア山地で栽培されている。蕃茘枝のラテン名は *Anona sguamosah*、チェリモヤはその属名は同じ、種小名が *cheriolla*。もともと、その故郷はペルーやエクアドルの山岳地帯らしい。

蕃茘枝の茘枝は、あのゴルフボール大の、皮状の果皮の中にマスカットのような果肉のある果実で無患子《むくろじ》科、それに似た味の、南方未開地の果実という意味だ。

この科には、日本で近年栽培される果樹、ポポーの木もあり、香水原料で有名なフィリピンのイランイランの木も名を連ねる。

チェリモヤ、最近も到来物があって舌鼓を打ったが、さて、買いに行ったら、今なお、一個二千円くらいはするのだろうか。チェリモヤ食いたし、ふところ寒し。

# 53 エスプレッソ

正しくはカッフェ・エスプレッソだろう。圧搾蒸気で出すコーヒーで、このイタリア語が示すように、イタリア独特のものだが、既に古くから、世界中でエスプレッソは横行している。ついでに、これにクリームを加えたのがカプチーノで、この方はカッフェを伴わず、聖フランチェスコ派の修道僧と同名のままで、ほとんど世界中通用している。

いずれも、生れて初めて飲んだのがパリ、一九七六年、トロカデロのメトロの入口のキャフェでエスプレッソを、モンマルトルのテルトル広場のバールでカプチーノを。まずかった。ぬるかった。四月十六日金曜、何しろコンコルド広場に粉雪が舞うという天候異変、ぬるい珈琲なんて、巴里祭頃のかんかん照りの、溶けかかったソルベ以下であった。

例外もあろうが、パリの珈琲のまずさ加減は、この街に住み馴れた友人にとくと聞かされていたから、それを確認したに過ぎない。エスプレッソはイタリアのものである。だがそれさえ、どこででもうまいとは限らない。その旅で、ローマのフィウミチーノ空港で飲んだのは、三番煎じ的しろものだった。

熱さは珈琲の身上である。エスプレッソはその熱さも一層切実である。焙煎も一番念入りのイタリアン・ロースト。モカ・マタリのそれが最適と書いてある専門書もあるが、いまどき求める方が無理だろう。第一、イタリアは珈琲の輸入国で、その昔はアフリカの伊領のものを優先的に使っていたようだ。

七六年の失望の後、七九・八一・八三・八七年と、ほぼ二、三年おきにイタリアに渡り、その度に次第に場数を踏み、思わず溜息を洩らすようなエスプレッソに、旅程中、必ず二、三度はめぐりあった。気障な文句だが、時々、ふと「イタリアへエスプレッソを飲みに行こう」と友人に誘いかけたくなることもある。

デミタスより更に一回り小さく、薄手の、白いカップ。縁は唇が切れるくらい薄いのがよい。珈琲はとろりと八分目、砂糖はどっさり。静かに掻き回して、三度ばかりで啜り終り、底のどろりとした褐色の砂糖も舐める。

この間、ほんの二、三分。うまいのにありついた時は、生きていてよかったと思う。ちなみに、クリームや牛乳のたぐいは絶対入れないし、第一添えてもいない。

サン・ジミニャーノの横丁の、老婦人一人のバールで飲んだエスプレッソが忘れられない。八一年七月十日金曜、あまりのうまさに、妻と二人で溜息をつき、思わず「ブオーノ」と呟いたら、くだんの老婦人、それはそれはうれしいことだと、硝子ケースからカステラ風の手作り菓子＝ドルチェを二切れ出してすすめてくれた。茴香《ういきょう》の香りが漂った。

総じて、著名レストラン、もしくは盛業中の華やかなカフェで、珈琲をうまいと思ったことは絶えてなく、これはイタリア国内の一流リストランテでも、十中八九は失望した。逆に田舎町のあまり綺麗とは言えない、がさつな雰囲気のバールで、手荒に出された場合の方が、ずっと、うまいっと吐息をつく例が多かった。半ばは運と思うべきか。イタリアについでは、スペインとポルトガルでも、到る処でエスプレッソを試みる。フランスほどまずくもないが、イタリアのように、舌鼓を打ったためしも、ほとんどない。

この四、五年来、日本でも、あちこちの珈琲店でエスプレッソをメニューに入れるようになったが、九割九分九厘まずい。本物の本場のエスプレッソなど、飲んだこともない連中がエスプレッソ・メイカーを操って、義理に入れているにすぎない。カップが大きすぎるし、小さいと縁が厚くて鈍重。

どこかうまいところはと、巡礼を始めた。ある日銀座の某有名珈琲店でこれを注文したところ、「相当苦いんだが、お飲めになれますかな」と来た。大きく頷いているのに、試飲用の盃入りのを突きつけて、試みろとのたまう。結構な味だと言ったら、やがて持参に及び、カップを卓上におき、そこにあった砂糖壺を、さっと持ち去ろうとした。

砂糖はそのままにと注意すると「当店のエスプレッソは砂糖を入れません」と居丈高に御宣告があった。今日まで、イタリアで、百軒以上飲みに回ったが、そんなことを聞くのは初めてだと言おうとして、やめた。無礼な給仕人の立去るのを待ち、隣の卓のを引寄せて、定量を用いた。なかなかうまかったが、こんな所へ二度と来るものかと思った。

イタリア料理店でも、さんざんな目にあったが、前記ほどひどくはない。大阪の、私のひいきのリストランテのは、絶対、本場のには負けないうまさで、行く度に恍惚とする。だが、エスプレッソ一杯飲むだけに行くわけにもゆかない。店主はかまいませんよと言ってくれるが、やはり遠慮する。

自宅では午前十時半に必ず珈琲を飲む。始終銘柄を焙煎度を変えて、自由に気儘に、楽しんでいるが、いわゆるアメリカンは大嫌いだ。今年はイタリアへ行けそうもない。

# 54 むかしなつ菓子

昭和一桁代に少年少女だった世代は、まだまだ駄菓子も洋菓子も惜しみなく与えられていた。無論後者は都会っ子の特権の一つで、ローカルでは絵を見て涎を垂らしていたものだった。シュウクリームを生れてはじめて、東京の叔父がお土産にくれた時の感動は、それから七年後、岩波文庫版『ユリシーズ』五冊本を小遣いの貯金で手に入れた時の歓喜とほぼ同じだった。

怖ろしく大衆的な「洋菓子」の一つに例の「ボーロ」がある。衛生ボーロから蕎麦ボーロまで多種多様、今思えば、ビスケット等の総称だったろうが、この「ボーロ＝bolo」こそ、ポルトガル語の「菓子」であった。イタリア語の「dólche《ドルチェ》→甘い→菓子」と共通するようだが、一方スペイン語でも、〈bollo〉はケーキ一般を指し、時によると「甘食《あましょく》パン」のことにもなる。

そう言えば、ボーロを筆頭に、金平糖《こんぺいとう》に有平糖《あるへいとう》、カステーラ、カルメラ等々、宗教語のキリシタン、ハライソ、インヘルノ等とほぼ同時代に入って来た南蛮言葉あまたの、中の極くハイカラな幾つかだった。

それからざっと六十年は経つ。七〇年代頃から、戦中派は無駄噺に飽きると、誰言うとなく、「昔菓子」の思い出に華が咲き、それに同調するように、その鄙びた田舎菓子の置いてある「店」についての情報が、口づてに知られ始めた。私が、最初に手に入れたのは〈金米糖〉、これは正《まさ》しく金平糖そのもの。

大丸の大阪梅田店地下の一隅等にも、いわゆる「昔菓子」に類するものが並んでいた。だが飴玉のたぐいにしろウエハス＝ウェファースにしろ、ただ小綺麗にまとめてあるだけで、さらに懐しいとは思えず、ビスケットと来た日には戦争中に兵隊がかじっていたたぐいで、懐しいどころか寒気を催した。

くだんの「金米糖」は四国の友人が偶然手に入れたからと、一袋旅の途中で立寄っておいて行った。昔菓子恋慕を聞き伝えてくれたのだろう。本物のまさしくも「コンペイトウ」であった。中心の肉桂《にっき》もしっかりしたのが入れてあった。一袋百粒内外か。二四〇グラムと刷り入れてあり、生産・販売は「徳島市鮎喰町一丁目一二九番地・(有)佐藤製菓」と藍色刷りのセロファン袋、随喜の涙がこぼれた。

それから一度に十袋ずつ一年に何回か注文した。三年ばかり経った頃、電話が架った。どうやら相当老境の人らしく、「何しろ手廻し轆轤《ろくろ》で、日に十袋内外、夫婦でほそぼそ作っておりますので、御贔屓の向きにも、ついついおくれがちになります」と、丁寧な挨拶であった。私は金平糖といえば遠心分離器のようなもので作り、そのためにあの角とも疣《いぼ》ともつかぬものがくっつくのだと思っていた。

知己友人にも一通り食べてもらい、そろそろ食傷気味にもなっていたので、贔屓の引倒しにならぬよう、注文は中断した。欲しくなった時は、あそこへ注文すれば、という安心感が、かつての一種の飢餓感を解消したのか、それを機にぴたりと食べなくなった。ところがこの間、九七年七月初め、大学の教え子が研究室をふらりと訪れ、「先生！　懐しの金平糖買ってきました」と、綺麗な袋に入ったのを差出した。「徳島のスーパーに出ていました」というが、実に今風に垢抜けしていて、いぼいぼ糖菓のその糖は、さくさくと歯で崩れ、舐めて味わうあのコンフェートスもどきの菓子ではなかった。だが、今様にややリファインされたものが再生されているのは嬉しい。

佐藤製菓の老夫婦方にも、恐らくもう七、八回忌が周っているのであろう。あなたの遺産は健在ですよ。私は今、賞味しています。

カルメラ、カルメラ焼、そのもとはポルトガル菓子のCalmella、その昔、縁日・夜店に、夏は水中花や金魚玉に並んで出ていたあの、粗目《ざらめ》（砂糖）を銅《あか》の杓子状小鍋で溶かしてどろどろになった時、すばやく一つまみの重曹を加え、さらにかき回してすっと止めると、玄人なら百発百中、泡の固まりのような茶黄色の砂糖菓子ができ上る。素人は成功率五、六十パーセント。大概飴になり果てる。

これには永らく遭遇しなかった。あれだ、と思って手に入れてみると、形は酷似しているが、中が泡状になっていず、軽石状の固さ（軽くはあるが）で歯が立たず、私はもうこの世には存在しないと諦めはてていた。

それの本物にこの夏の初めに久々に遭遇もしくは邂逅した。色も形も味も六十年以前と全く同じ、あの思い出の「かるめ焼」とラベルを貼った菓子が、百味の飲食《おんじき》以上に忝かった。貪り食った。メーカーに遥拝！

宇都宮市御幸本町四八七〇―二七　（有）大橋製菓　製造元

私の手許にはまだ三個入りの袋がそのまま残してある。赤いラベルに「元祖コウちゃん」と記され、昔々買ったカルメラ焼より一回り大きく、味も洒落ている。三月《みつき》や半歳、このままでもつだろう。朔太郎の宇都宮へ、一度買占めに行こうか、とも思っている。

# 跋　苦渋辛酸のお祓い

塚本青史

大阪の実家には、今も両親が作った果実酒が、詰めた瓶にラベルを貼ったまま幾つか眠っている。特に榠樝を漬けた物には、「くわりん」と御丁寧に歴史的仮名遣いでルビまで振ってある。

それらを毎朝少しずつ、執筆を始める儀式のごとく嘗《な》めていたようだが、時には蜂蜜酒やメイプルシロップをたっぷり入れた梅酒なども仲間に入れていたらしい。

ガーデニングが趣味と言うほど熱心に世話をするわけではなかったが、塚本邦雄の書斎に面したバルコニーには、必ず植木鉢が階段状の棚に置かれていた。そして、紫蘇《しそ》や百合《ゆり》、葱《ねぎ》、蓼《たで》、ラベンダーなどを、気持の赴くままに栽培していた。

執筆の合間、微風に運ばれてくる仄かな植物の薫りや、それを目当てに集まる小鳥の囀《さえず》りや昆虫の羽音を楽しむためらしい。無論、視線を移せば形や色彩も目に入る。つまり、その程度の微かな鼻や耳目への刺激も、創作意欲を掻き立てるスパイスにしたのだ。

かつて、私が千葉県習志野《ならしの》市に居を構えていたとき、「孫の顔を拝む」のを口実に遊びに来た。そして、近隣の遊歩道を一緒に散策したことがある。すると、野生の枸橘《からたち》を見つけて、一講釈始まった。

曰く、学名はポンシルス・トリフォリアタ、原産地は中国の長江上流で、カラタチとは、唐橘《からたちばな》が訛った言い方らしい。

枝には棘《とげ》が密生しているので侵入避けに適し、昔は生け垣の材料とされた。しかし、近年ブロック塀の簡便さに押されて、一九六〇年代以降は姿を消しつつある。

葉が三枚に開いて付く。これが、学名にトリ（三の意）が付くゆえん。葉は揚羽蝶の食草となるが、果実は酸味と苦みが強過ぎて食用に適さない。但し、果実酒の原料としては大いに使える。

花と実の薫りを楽しむべし。

ほんの数十メートル歩く間に、ここまで説明されたものだ。

父にとっては草原も雑木林も、直《す》ぐ傍《かたわら》にある宝島であったらしい。そう思えば、書斎脇の棚に居並ぶ植木鉢も、一つ一つから無限の情報を引き出していたのかもしれない。

微妙な味などと言うのも、背後に知識があれば、舌の反応すら違ったのであろう。そう言えば、一九七〇年代の中頃から、九〇年代の中頃まで、ほとんど毎年ヨーロッパ旅行をしていた。恐らくはその舌で、世界中の味を転がしたのかもしれない。

ところで、最近は大阪名物の「喰い倒れ」を、過食や飽食の果ての昏倒と誤解する若い向きもあるらしい。無論、そうではなく、あらゆる食材の味を追い求めて、さまざまな店に通ったため、食道楽の挙句に身代を傾けるの意である。

つまり、食のために、桁の違う散財をすることになる。

それを踏まえて、いわゆる美食について語ろうとするとき、一流料亭の板前の包丁捌きや、五ッ星レストランのシェフの火加減を通して提供されるところの、至高あるいは究極のメニューを連想しがちだ。

それが決して悪いとは言わないが、ここでの味覚をステップアップさせるためには、日本酒やワインが必要になってくる。

塚本邦雄の味に対する講義には、右のような設定はない。いつの間にか、皆がぐずぐずになって崩れる酒席が、好きではないからだ。それは、味ではなく、酔いに身を任せる態度になるからだろう。

したがって、生魚の刺身類に代表される酒の肴には、余り言及していない。そもそも、冒頭に述べた果実酒や蜂蜜酒の嗜《たしな》みは、甘党の証拠である。

昔、母と家族三人が、炒卵を作るにはどうするかを話し合った。すると、母と私は「少し塩か醤油を加える」としたが、父は必ず砂糖だと言い張った。

また、ある一定期間、憑かれたように買い漁った食品（食材）というのもあった。即席饂飩《うどん》の「どん兵衛」、濃い葡萄ジュース、某ホテルのミートパイ、松茸御飯の素など十指に余ったが、いずれも食べ尽くして堪能すると、もう見向きもせぬようになった。ただ、ひとつ飽きもせず賞味しつづけたのは、エスプレッソ珈琲だけだった。

これは器械まで購った手前、簡単に抛擲《ほうてき》しづらかったという理由もあろう。だが、終生これは楽しんでいたようだ。

つまり、こうして考えれば、「ほろにが」を標榜するのは、その後に付いてくる微かな甘さを期待してのことであろうと思える。話題にする九割以上が植物であるのも、それを裏付けていよう。

その味覚を掘り出すため、対象物の漢字表記を考察するところから始めるようだ。偏《へん》や旁《つくり》の構成から、匂い薫りの根源を突き止める態度は、歌人ならではの作業であろう。

著者略歴

塚本邦雄（つかもと・くにお）

一九二〇年、滋賀県生まれ。歌人、評論家、小説家、元近畿大学教授。一九五一年、中井英夫・三島由紀夫に絶賛された第一歌集『水葬物語』でデビュー。反写実的な作風によって、岡井隆や寺山修司らとともに前衛短歌運動を牽引した。短歌結社・玲瓏の主催となる。歌集・評論集・小説集など多数。著作を集成した『塚本邦雄全集』（全十五巻別巻一、ゆまに書房）がある。二〇〇五年没。

編集附記

＊本書は、月刊誌「味覚春秋」（味覚春秋モンド刊）に、一九八五年四月号より二〇〇〇年七月号まで連載された「ほろにが菜時記」より五十五回分を撰び一本に纏めたものである。文中「X年前」等の表記は掲載時のまま。

＊四季の配列は『俳句歳時記』（平凡社刊）その他を参考にした。

図版

カバー画：岩崎灌園『本草図譜』より

扉画：『本草図譜』、毛利梅園『梅園草木花譜』『梅園介譜』より

（いずれも国立国会図書館蔵）

ウェッジ選書39
ほろにが菜時記
二〇一〇年五月二十七日　第一刷発行

著　者　塚本邦雄

発行者　布施知章
発行所　株式会社ウェッジ
〒101-0052　東京都千代田区神田小川町1-3-1
NBF小川町ビルディング3F
電話：03-5280-0528　FAX：03-5217-2661
http://www.wedge.co.jp/　振替　00160-2-410636
ブックデザイン　間村俊一
DTP組版　株式会社リリーフ・システムズ
印刷・製本所　図書印刷株式会社
※定価はカバーに表示してあります。ISBN978-4-86310-072-5 C0395

## ウェッジ選書

1 人生に座標軸を持て
松井孝典・三枝成彰・葛西敬之【共著】

2 地球温暖化の真実
住 明正【著】

3 遺伝子情報は人類に何を問うか
柳川弘志【著】

4 地球人口100億の世紀
大塚柳太郎・鬼頭 宏【共著】

5 免疫、その驚異のメカニズム
谷口 克【著】

6 中国全球化が世界を揺るがす
国分良成【編著】

7 緑色はホントに目にいいの?
深見輝明【著】

8 中西進と歩く万葉の大和路
中西 進【著】

9 西行と兼好
小松和彦・松永伍一・久保田淳ほか【共著】

10 世界経済は危機を乗り越えるか
川勝平太【編著】

11 ヒト、この不思議な生き物はどこから来たのか
長谷川眞理子【編著】

12 菅原道真
藤原克己【著】

13 ひとりひとりが築く新しい社会システム
加藤秀樹【編著】

14 〈食〉は病んでいるか
鷲田清一【編著】

15 脳はここまで解明された
合原一幸【編著】

16 宇宙はこうして誕生した
佐藤勝彦【編著】

17 万葉を旅する
中西 進【著】

18 巨大災害の時代を生き抜く
安田喜憲【編著】

19 西條八十と昭和の時代
筒井清忠【編著】

20 地球環境 危機からの脱出
レスター・ブラウンほか【共著】

21 宇宙で地球はたった一つの存在か
松井孝典【編著】

22 役行者と修験道
久保田展弘【著】

23 病いに挑戦する先端医学
谷口 克【編著】

24 東京駅はこうして誕生した
林 章【著】

25 ゲノムはここまで解明された
斎藤成也【編著】

26 映画と写真は都市をどう描いたか
高橋世織【編著】

27 ヒトはなぜ病気になるのか
長谷川眞理子【著】

28 さらに進む地球温暖化
住 明正【著】

29 超大国アメリカの素顔
久保文明【編著】

30 宇宙に知的生命体は存在するのか
佐藤勝彦【編著】

31 源氏物語
藤原克己・三田村雅子・日向一雅【著】

32 社会を変える驚きの数学
合原一幸【編著】

33 白隠禅師の不思議な世界
芳澤勝弘【著】

34 ヒトの心はどこから生まれるのか
長谷川眞理子【編著】

35 アジアは変わるのか 改訂版
松井孝典・松本健一【編著】

36 川は生きている
森下郁子【編著】

37 生物学者と仏教学者 七つの対論
斎藤成也・佐々木閑【共著】

38 オバマ政権の対アジア戦略
久保文明【編著】